编写工作分工

本书是由北京教育学院学生发展研究中心专家季苹、涂元玲、赵雪汝等指导北京市宣武回民小学“学生健康自我成长课程”开发团队的老师们编写完成的。

编写分工如下：

白笛，第一课时；

吴昊，第二课时；

翟东，第三课时；

马瑞雪，第四课时；

王文茜，第五课时；

亢琪，第六课时、第九课时，全书统稿；

回咏梅，第七课时、第十课时，全书统稿；

丰硕，第八课时；

杨永军、寇磊、回咏梅、亢琪，全书统稿。

学生健康自我成长课程

主　编　季　苹

副主编　涂元玲　赵雪汝　杨　玲

世界因我更美丽

杨永军　寇　磊　回咏梅　主编

教育科学出版社
·北　京·

扫一扫，下载教学用 PPT

“学生健康自我成长课程”说明

这是一套响应国家对孩子们健康成长的深切关怀，基于研究者对学生发展和健康自我成长的长期学习和思考，由北京教育学院学生发展研究中心的研究者和基地学校的校长、老师共同开发的课程。

对“自我”“健康自我”与“健康自我成长”的理解

在本课程中，“自我”是科学研究中的概念，不是日常话语中的“自我”。日常话语中的“自我”有时与“自私”接近，而科学研究中的“自我”是中性的科学术语。世界上没有两片完全一样的叶子，同样也没有两个完全一样的人。我们认为，每个人的自我不一样主要是由两个方面决定的：第一是需要不一样，第二是遇到事情的反应模式不一样。这就是自我的两个密码：需要密码和反应密码。

从个人与社会之间的关系看，“健康自我”主要包括个人自身、人际关系和环境适应三个方面。个人自身的健康发展主要表现为有觉察、调节和控制自己情绪的基本能力，了解自己的优缺点和内心需要，会进行自我规划；良好的人际关系主要表现为有同理心，善于沟通，拥有人际交往的能力，有亲密的朋友；良好的环境适应主要包括对自己生存的社会环境和自然环境的适应，表现为能够解决面对的问题和挑战，关心家庭、学校、社会和自然环境，了解和认同社会规范，有丰富的社会情感和基本的生活能力。三个方面由近及远，前者是后者发展的基础，后者的发展又反过来推动前者的发展。

健康自我的特征可以分为表现性特征、本质性特征和反省性特征三个层面。表现性特征是可以直接感受到的描述性特征，如积极应对问题、善于倾听、敢于表达自己的想法等；本质性特征是决定表现性特征的根源性内容，也是让表现性特征具有本质意义的特征，如在倾听中协调自己和他人的需要，从而产生爱和理想等；反省性特征体现自我的反身性，属于“元认知”，也就是通常所说的“自我意识”，主要包括情绪觉察、对需要是否合理的意识、对事实与意见即客观与主观的区分等。

“健康自我成长”总体上说也存在三个层次：情绪能力的发展、社会情感的发展和道德的发展。情绪能力主要指情绪觉察能力、情绪理解能力和情绪调节能力；社会情感是对社会的了解、认同，尤其是对社会对自己成长的意义的理解；道德是对自己、他人和对社会、自然的责任感。这三个层次体现了人从本能控制的自我走向社会性的自我然后走向道德自我的过程，是以自我的本质内涵的变化为划分标准的。

青少年尚处于发展阶段，其心理健康教育要以道德健康为方向，即要让他们初步理解爱、责任和理想是人生活的意义和获得幸福的原因。同时，青少年的道德健康要以心理健康为基础，也就是要让他们在保证自己安全和力所能及的情况下承担责任，在与人相处的过程中、在集体生活中逐渐产生社会情感。

学生对自我的认识以及学生自我的成长离不开家长、老师和同学等重要他人。“学生健康自我成长课程”从来不是学生独自学习的课程，而是师生一起学习的课程，也是孩子和父母一起学习的亲子课程。

“学生健康自我成长课程”的性质、目的与目标

本课程是在前面整体理解“自我”“健康自我”及“健康自我成长”内涵的基础上设计的。性质是课程的定位，目的和目标是课程的灵魂，内容结构和活动是

课程的载体，后面谈到的互动、体验和练功[①]是课程的机制。

“学生健康自我成长课程”的性质是心理成长课程，但又有其特殊性

本课程是心理成长课程，关注学生内心世界的成长，也就是相对于“身”的“心”的成长。

我们关注学生道德的形成，但本课程将道德形成的心理基础作为主要目标，即将情绪觉察、情绪理解和情绪调节作为目标，将社会情感的形成和丰富作为目标，将对自我的灵魂的理解即爱和理想作为目标。

为什么不称其为“心理健康课”或者“心理成长课”，而是将其命名为“学生健康自我成长课程”呢？本课程是以对“自我”的理解为理论基础的，强调健康自我的整体性发展，即健康自我成长是以对“自我”的两个密码——需要密码和反应密码的理解和调节为轴心的螺旋式上升的过程。本课程与其他心理课程有很多相似之处，但具体内容和课程结构有自己的界定。

“学生健康自我成长课程”的目的是有层次的，并决定了课程内容的结构

本课程总的目的是帮助学生理解健康自我和形成健康自我发展能力。围绕这个总的目的，将健康自我内容的三个方面以及健康自我成长的三个层次结合起来考虑，形成四个层次的目的：第一层次的目的是要帮助学生学会情绪觉察和情绪理解，并让他们理解自我的两个密码，形成对自我的基本认识；第二层次的目的是要让学生理解美好的情绪情感，学会人际交往；第三层次的目的是丰富学生的社会情感，让学生理解融情商和智商为一体的大智慧；第四层次的目的是让学生在新的自我认识的基础上开始自我规划，成为负责任的自我。

本课程的整体内容结构主要是按照以上四个层次的目的安排的。

进一步说，“学生健康自我成长课程”的根本目的是学生幸福感的获得和健康自我发展能力的形成，即让学生在学习过程中获得幸福感，形成健康自我发展能力，实现真正的健康成长。获得幸福感包括能够有效地解决自己的问题、理解

---

① 本书中的“练功”指让学生自觉地将健康自我的知识和技能落实为一系列的行为习惯，练出健康自我的行为反应模式。

自己和他人、丰富自己的社会情感、让自己的心灵变得越来越滋润等。对应“幸福”目的，本课程在内容结构上有一个特殊的安排，即在关注问题解决的同时，还关注学生以怎样的心态解决问题。因此，我们在课程内容中增加了学生对美好情感的回忆，并使其在解决问题的过程中重视“美好回忆”的作用。

“学生健康自我成长课程”的目标是让学生形成真实的、可持续的健康自我发展能力

健康自我三个层面的特征（表现性特征、本质性特征和反省性特征）从理解健康自我的角度看是相对独立的，但是从目标实现的角度看，三者必须齐头并进、相互交融。让学生形成真实的、可持续的健康自我发展能力，是本课程的目标。如果学生能够理解表现性特征与本质性特征互为表里的关系，掌握具有本质意义的知识和技巧，就会形成真实的健康自我，而不是表面的健康自我。如果学生能够不断进行自我觉察和反思，就能看到自己成长的需要、成长的过程、成长带来的变化和成长的意义，就会不断地推动自我的发展，形成主动的、可持续发展的健康自我，形成健康自我发展能力。

“学生健康自我成长课程”的设计原则

本课程设计中我们主要遵循了以下几个原则。

以“螺旋式上升”保障健康自我成长及其同一性

课程是为学生成长设计的通道，对应“成长”，这个通道应该是自然“上升”的，而且“上升”是持续的，是前后“同一”的。这里的“同一”是心理学“自我同一性”中的“同一”，有统一、整合和自我确认的含义。这种“上升”在课程设计中通常被称为“螺旋式上升”，是课程设计的难点，也是我们努力的重点之一。要理解“螺旋式上升”，有两个关键点：“螺旋”是什么？螺旋围绕的“轴”是什么？回答这些问题的过程实际上就是确定课程设计原则的过程。

发展与基础相结合的原则。成长是有层次的，是能够感受到“拔节”的。有了多个层次的考虑，教育的“引领”以及学生的“成长”才可能发生。但是，层次不是截然划分的。例如，在帮助学生理解“情绪觉察”的时候，需要帮助学生理解情绪觉察的意义、情绪觉察与情绪调整的关系，否则，学生会被动地进行情绪觉察。这样的安排实际上是以情绪觉察为重点的从情绪发生到调整过程的小循环。这个循环不是水平的，而是从基础到发展、从过去向未来的自下而上的循环。这就是“螺旋式上升”。在这个过程中，学生在教师的带领下不断在过去中看到未来，又在当下的发展中体会过去基础的意义，这样的“螺旋式上升”保证了学生的“成长”。

以自我密码为轴心的原则。上升的“轴”是什么？自我同一的核心是什么？就是自我的两个密码：需要密码和反应密码。随着内容的丰富和拓展，对需要密码和反应密码的理解会不断丰富和加深；反过来，对需要密码和反应密码的不断理解又会统整越来越丰富的内容，让自我在丰富的同时，避免碎片化现象，内容得到整合，内核得到加强，成长的能力得到发展。

自我发展的原则。相信学生有自我发展的能力，并创造条件让学生实现自我发展。没有自我的主动发展，就不是自我的成长。这里要说明的是，教师要时刻收集客观信息诊断学生的成长需要和可能的进步幅度，而不要凭主观臆断低估或高估学生。

要为学生的“主动的看得见的成长”创造条件

以真实问题的解决为主要学习方式的原则。只有在解决面临的真实问题的时候，学生才会全身心投入地为自己而学，才会感受到成长，才会理解学习的意义。这样的主动是真正的主动。在本课程中，我们坚持将真实问题的解决作为学习与活动的主要方式，故事和游戏等其他方式只是课程的“配料”和“升华”。

以真实的成长需要决定内容取舍的原则。成长需要一定的挑战，让学生感受到自己“拔节”的过程。学生面对挑战时，一方面，解决这些有难度的问题是他们的真实需要；另一方面，解决这些有难度的问题也是他们愿意冲破重重困难的最强动力。问题解决中所蕴含的有效的实践逻辑和智慧一旦被揭示出来，学生完全可以感受和理解。由此可见，让学生接受挑战既有客观必要性，也有现实可能性。

要让学生同时看见外在和内在变化的原则。自我的成长要让学生自己看得见。首先是能够解决学生面临的真实问题，其次是要在解决问题的过程中帮助学生形成问题解决的能力。在这里，“问题解决能力”不是抽象的，它在本质上就是形成适合自己、他人以及外在环境的一系列反应模式，也就是一系列“功夫”。再往深处看，学生还要看见反应模式调整的背后有自己需要的调整和才能的调整，包括毅力和自信的变化。也就是说，学生不仅能看到当下的问题解决，还能看到内在的对未来更有意义的健康自我的成长。

让学生在“意义”的推动下学习

首先是有意义教学的原则。本课程中的教学过程不是过去的“知识技能—练习”过程，而是“真实问题—意义—知识技能—练习”的过程。从问题和意义开始，让学生自己生成解决问题的办法，充分尊重了学生的自尊，这样的过程才是一个健康自我成长的过程。

其次是重视情绪的积极运用的原则。在问题解决过程中，我们既重视情绪的控制，也重视情绪的积极运用。我们教给学生身心放松术，也觉得美好的回忆更能让人平静。我们希望学生有直面问题的勇气和能力，更有因为美好而形成的积极的情怀和心态。

最后是真实学习的原则。本课程的课堂是开放的，有大量的学生讨论，我们鼓励和期待学生表达生活中的真实困惑，让学生的真实自我充分发展，从而避免配合成人要求的虚假自我的形成。

以活动为主要形式，以互动、体验和练功为成长的基本机制

成长是需要机制的，因此对健康自我成长机制的认识也是进行课程设计所需要的基本认识之一。成长需要活动，而且是真实问题解决的活动，不仅有外显的行为，更有心理活动。活动是形式，互动、体验、练功等是机制。人的存在是社会性存在，自我需要的满足常常与他人有关，因此，互动是自我成长所需要的基本机制。体验是情绪情感发展或者说自我唤醒的基本机制，本课程中的“情景再现”“情绪剧场”等都是课堂体验活动的形式。练功是学生成长的根本机制，没有练功，学生的学习会停留在认知上，无法转化为能力。本课程所设计的各课时的练功分享、两次“大功”的练功分享以及最后汇集的《健康自我成长·学生练功作品集》，都将鼓励学生坚持练功，感受练功带来的成长。

以嵌入的方式进行系统知识和技能的教学

问题解决是外在的成长，问题解决能力的形成是内在的成长，而后者是需要设计的。本课程将系统的知识和技能学习嵌入真实的问题情境中，让学生在问题解决的过程中自然生成和总结出系统的知识和技能。我们在教学用书编写中遇到的最重要也最艰难的工作首先是对“健康自我成长”的系统理解，然后将这种系统理解转化为学生所需要的具体知识和技能，并将其明确为目标，设计出相应的活动。这样设计出来的活动不是碎片化的，可以保证学生在活动中获得系统的知识和技能。

“学生健康自我成长课程”的特色

本课程的资源包括教学用书、学习手册以及今后要创设的练功分享平台。这是一套拿来就能用，但需要长期坚持学习的课程，具体来说，有以下特色。

教育理论工作者与一线教师合作完成，实现理论与实践的结合

明晰教育者的理想、理念和了解孩子们的生活是编写教学用书的两个基本条件，因此，教育理论工作者与一线教师是编写教学用书的最好搭档。“学生健康自我成长课程”就是由北京教育学院学生发展研究中心的研究者与几所项目基地校的教师们合作编写的。大家一起研究、一起学习、一起编写教学用书、一起试教、一起讨论修改。这是一个理论与实践相互促进、从无形（仅有想法）到有形（落实到活动）的美好的过程，是一个共同成长的过程。

站在使用者角度，对教学过程进行了相对完整的设计

本课程的每个单元、每一课时都有清晰的目标，表达明确而且便于操作；活动与目标的对应保证了教学的方向性；指出了难点及突破难点的方法；说明了开展活动要准备的材料并尽可能提供；有从“开课了”到“我学到了”全过程的具体设计，有每个环节如何引导的“说明”；每个课时都提供了相应的理论依据，每册教学用书都提供了参考文献；配合每册教学用书设计了教学用的 PPT……。这些都保证了教学用书“拿来就能用”，不仅老师能用，家长也能用。

每册书一个主题，便于集中学习和练功

本课程每册书都有一个主题，让学生在一个学期内完成相对完整的某一方面知识、技能的学习和练功，使学生能够在一学期结束时感受到自己的成长。本课程每学期共 10 个课时，前 8 个课时是系统学习，每周 1 个课时，连上 8 周；后 2 个课时是两个“大功”的练功分享，可以隔 3 周上一次，间隔期间每周安排一些时间让学生们自己交流练功的情况。练功是成长的基本方式，我们重视学生的练功分享，期待他们在练功中成长！

学习手册是学生自学的参考，也是学生的健康自我成长“秘笈”

学习手册的内容包括学习目标、主要学习内容、课堂练习以及课后练功记录；有生动的插图，也留出空间供学生记录练功情况。随着学习的进行，学习手册将成为学生学习和练功情况的完整记录，也是学生的健康自我成长“秘笈”。

课程设计螺旋式上升，需要坚持长期学习

本课程虽然每册书有一个主题，但核心内容都是围绕对情绪及其背后的自我的理解展开的，有很强的内在联系。因此，对本课程来说，系统学习效果会更好。系统学习和练功需要坚持，教师引导、同伴学习、亲子学习都会给长期坚持提供助力，更重要的动力来自学生在长期坚持学习的过程中所感受到的自身的成长。

以系统思考为基础进行设计

本课程之所以能够形成以上特色，是因为我们经历了对“健康自我成长”的系统思考以及对课程设计和实施的系统思考。我们相信，系统的课程才真的能“拿起来好用”，才能帮助学生形成和发展能力。

感谢和期待

2012 年，我们开始在“学生健康自我成长”这一领域进行系统研究，于 2014 年出版了《理解自我》一书，为后续的课程开发打下了扎实的理论基础。在此基础上，针对当下我国教育实践中学生发展的具体需求与问题分析，通过与实践领域同行的讨论，我们开发了这套“学生健康自我成长课程”。

本课程的开发得到了北京教育学院领导和基地校所在区县领导的大力支持，基地校的校长和参与的老师们也为此付出了艰辛的努力。课程开发成果的整理和出版得到了教育科学出版社的大力支持。在此，我们一并深表感谢！

期待“学生健康自我成长课程”能够让学生受益，让他们获得实实在在的成长和幸福！

本册编者对您说

丰富社会情感，在自我认识的基础上开始自我规划，成为负责任的人，这是学生健康自我发展的目标之一。因此，我们要唤起学生对世界的美好情感，增强学生对他人、对社会、对这个世界的责任感，让他们体会到“世界因我更美丽”的成就感和幸福感。

通过“学生健康自我成长课程”前几册的学习，学生有了基本的情绪觉察能力，对情绪和自我的关系有了初步的理解；体验了生活中各种美好的情感，学习了获得幸福的相关知识和方法，发展了获得幸福的能力；学会了如何交朋友，感受了交朋友的美好，增强了同伴交往能力。在此基础上，本书旨在引导学生认识自己与社会丰富而温暖的连接，体验世界给予自己的温暖，也感受自己温暖着世界。我们希望学生能感受到每个人的成长都与家庭、社会、世界有着密切的联系，同时领悟到每个人的言谈举止也影响着社会的进步。所以，在课程实施过程中，我们在关注学生健康自我发展的同时，也努力唤起学生追求美丽的愿望，增强他们直面缺点、实现美丽升级的勇气与能力，唤起学生对世界的美好情感，增强学生对他人、对社会、对这个世界的责任感。

本书分为五个单元。在第一单元“温暖的世界”中，教师将引导学生体会孤独带来的情绪，理解孤独是正常的并学会接纳孤独，理解孤独带来伤害时，只有改变自己才能真正走出孤独，点亮自己爱的世界，同时，主动觉察周围的人给予自己的帮助，感受社会各行各业的人传递给自己的温暖。在第二单元“我的小太阳”中，教师会让学生在“我是小太阳”的幸福体验中，理解只有体察他人内心的需要才能成为小太阳，体会自己能够满足他人需要时的那种成就感和幸福感；同时，让学生学会倾听内心对美好和爱的期待，将破窗理论和护花原理相结合，以爱的方式坚守心中的美好，做出爱的拒绝。在第三单元“我真的很美”中，教师会引领学生认识每个人的美都是独特的，理解外在美是可以探索、可以讨论的，通过肯定“我很美”，变得更加健康、自信；同时，教师会鼓励学生主动发现自己的美中不足并及时纠正。通过这个单元的学习，学生会懂得外在美和才华美是外显的，而内心美要用心体会，这对于自我成长更加有意义。在第四单元“美丽升级”中，教师会引导学生理解世界上没有十全十美的人，每个人都有缺点，因此，要在内心美好愿望的指引下，寻找自己直面缺点的方法，并制订自己的美丽行动计划，感受自我的美丽升级带来的幸福感。在第五单元“‘大功告成’：我的练功单元”中，教师将进一步带学生集中练习“我的美丽清单”和“爱的拒绝与修复破窗”两个“大功”，进一步引导学生体会他们对自己、对他人、对社会的美好情感，帮助学生养成日常练功的习惯，真正实现学生的自我成长。

对于课程的实施，我们有如下建议：

第一，教学时关注各个单元之间的联系，遵循它们之间的逻辑关系。比如前两个单元之间就存在一定的逻辑关系。第一单元是让学生体验社会、世界给予自己的温暖，感受被爱的美好；第二单元先让学生回忆和体验自己曾经给予世界的温暖，感受被需要的美好，之后，引导学生发现社会上的破窗现象并主动用爱的方式修复破窗，感受个人行为对社会的影响。通过这两个单元的学习，学生能逐步深入地理解自己和世界的联系，由被爱发展到去爱。

第二，引导学生在事件中尊重人的需要，关注事件中人的良好发展。人与人的连接构建了社会，人的发展是社会事件中的关键。在第四课时的练功“爱的拒绝与修复破窗”中，学生容易只强调规则和纪律要求，提出人应该怎样、不应该怎样，而忽视了造成破窗现象的那个人或那些人的需要是什么以及如何用恰当的方式提出拒绝与修复破窗。因此，教师要因势利导，引导学生在提出拒绝与修复破窗时，结合“你需要 + 我需要”，通过有效的沟通，让对方真正从内心接受并在行为上做出改正，从而实现事件中人的良好发展，真正做到“爱的拒绝与修复破窗”。

第三，引导学生在尊重“真实”的基础上感受美好，体验深层的幸福感。这里提到的“真实”是事真、情真、理真的高度统一。正所谓“君子所以动天地应神明正万物，而成王治者，必本乎真实而已”。真实的东西才会让人产生真实的体验。如果我们对“真实”没有认识，就找不到“真实”，更谈不上感受。所以，请老师们坚持引领学生走进真实的生活世界，收集他们身上发生的真实的故事，同时还要注意不能停留在表面，让学生懂得很多事情要用心去感受，才会进入它的真实内核。只有这样，才能指导学生在真实的生活中练就真功夫，也只有这样练功，收获的幸福感才是深层的、久远的。

最后，邀请各位老师带着自己对生活的美好感受，打开自己与世界的连接之门，带领学生一起踏上“世界因我更美丽”的探寻之路。

CONTENTS | 目 录

第一单元

温暖的世界

单元目标

1. 体会孤独的感受，理解孤独是有意义的，学会与孤独相处。
2. 感受孤独有时有正面价值，有时会给自己带来伤害。在体会到孤独的正面价值时，学会享受孤独；在感受到孤独带来的伤害时，坚定走出孤独的决心。
3. 体会只有改变自己才能真正走出孤独，点亮爱的星空。
4. 觉察周围的人给予自己的帮助和关爱，感受温暖和温暖中的情绪。
5. 体会得到的温暖有时是直接的，有时是间接的，感受温暖的传递。
6. 能画出自己的温暖地图，标出传递温暖的人的社会角色及其所在的社会机构，体会社会和祖国的温暖。

单元内容结构

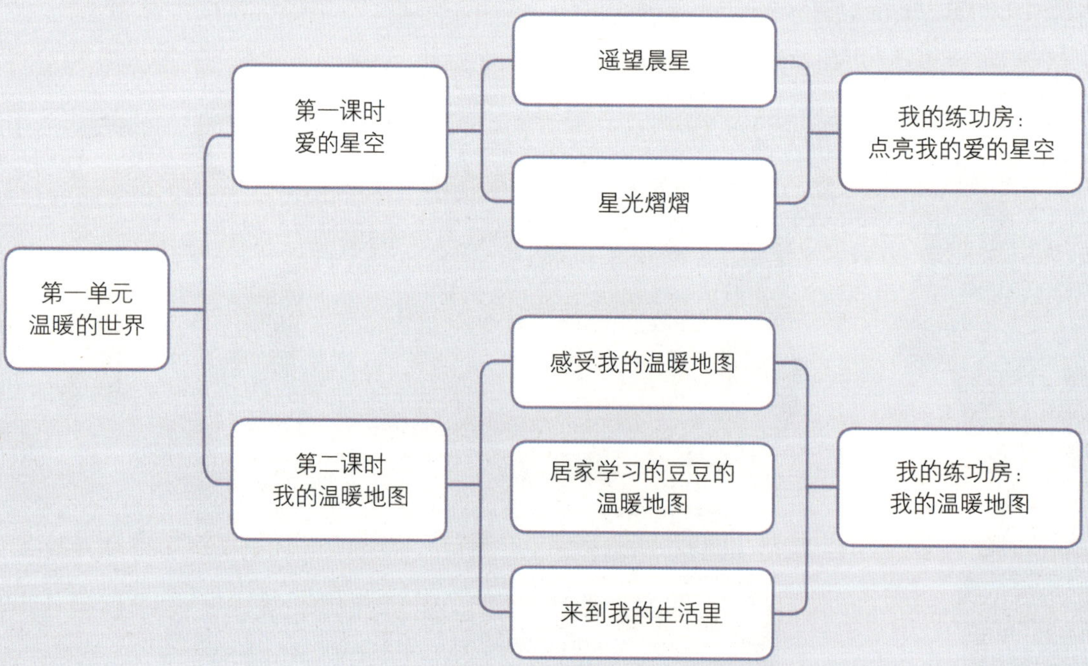

第一课时　爱的星空

课时目标

1. 体会孤独的感受，理解孤独是有意义的，学会与孤独相处。
2. 感受孤独有时有正面价值，有时会给自己带来伤害。在体会到孤独的正面价值时，学会享受孤独；在感受到孤独带来的伤害时，坚定走出孤独的决心。
3. 体会只有改变自己才能真正走出孤独，点亮爱的星空。

活动安排

活动名称	目标	准备	难点
活动一　遥望晨星	目标1 目标2	无	感受孤独，学会与孤独相处
活动二　星光熠熠	目标3	无	体会只有改变自己才能真正走出孤独，点亮爱的星空

日常修炼

六级功夫第一招：点亮我的爱的星空。

理论依据

孤独是一种与他人或社会隔离、疏远的感觉和体验。在人们的感觉中，孤独更多是一种负面情绪，让人感到寂寞、郁闷、焦虑、空虚、无助甚至绝望。作为负面情绪的孤独，本质上是自我的孤立，是爱的缺乏，对人的身心健康有很大的危害，也不利于个人的发展。例如，有研究表明，朋友关系较少的学生未就业率高于朋友关系较多的学生。① 实际上，孤独也有正向的意义。作为正面情绪的孤独，本质上是自我的独特性和自由的一种表现，是独立的必然，是自我认识的契机。人在孤独中能够更清楚地认识自己的特点，更清楚自己想要的是什么，更清楚地理解爱的意义，更需要爱。

小学生感到孤独的外在原因主要是同伴关系。同伴接纳水平较低的儿童孤独感较强。同时，孤独感也可能来自家庭关系和师生关系。在现代社会，父母工作繁忙，常常无暇照顾孩子，也没有时间和精力与孩子进行心灵的沟通，再加上网络的影响，如果家长回家后仍抱着手机，沉浸于网络世界，孩子就会更加孤独。教师逐渐成为儿童生活中的“重要他人”，来自教师的欣赏、信任和期望能够让学生提高自我效能感，减少孤独感；反之，学生的孤独感就会增强。

走出孤独，就是要带着自己的爱去和他人交往，去拥抱他人和社会，要理解每个人都有孤独的时候，每个人都需要爱，也要有对他人的爱的信任。

---

① 余琳，许婷，李超，等．大数据背景下的学生孤独预警模型：以华中师范大学为例 [J]．现代信息科技，2019，3（23）：1-4.

开课了（8分钟）

各位同学，大家好！很高兴我们又见面了。上学期我们学习了《我会交朋友》，你们还记得吗？假期里你们练功了吗？练了什么功？谁愿意跟大家分享一下你的练功故事？

【说明】教师可以通过分享自己的练功故事或者回忆上学期“大功分享”课上的故事唤起学生的记忆和联想。

这学期我们要学习的是《世界因我更美丽》。请大家打开《世界因我更美丽学习手册》，一起来读读老师写给你们的信吧。

同学们，老师先做一个小调查。每个问题的答案只有“是”或者“否”。当老师说出这个问题后，如果你的答案是“是”，请举手；如果你的答案是“否”，请坐直。

题目	答案	
你觉得天上的星星孤独吗？	是（ ）	否（ ）
你有过孤独的时候吗？	是（ ）	否（ ）
你觉得孤独有好处吗？	是（ ）	否（ ）
你能走出孤独吗？	是（ ）	否（ ）

【说明】前两个问题学生基本都会回答“是”，后两个问题则不一定。做这个小调查的目的是让学生认识到自己的状态，为之后的学习做铺垫。

活动一　遥望晨星（15 分钟）

1 情景故事

遥望晨星

“吱呀”，门开了，妈妈对小美说：“该上学去了，小美。”小美答应着，依依不舍地离开了温暖的家。天还没全亮，冬日的早晨很冷，小美在北风中走着。虽然家离学校不远，但她觉得路很长……

走在路上，小美眼前又浮现出昨天体育课上的一幕幕。体育课上，同学们进行了本学期第一次跳绳活动。年轻帅气的新老师笑眯眯地给大家布置任务：“两个人一组，一人跳，一人数，自由组合。”随着一声“开始”，同学们立刻散开了。大部分同学很快找到了同伴，脸上都洋溢着欢乐的笑容，只有小美拿着跳绳，呆呆地站在那里。“你和谁一组？”老师走过来问。小美一愣，四周看了下，又剩下她一个人。她嘴里说着“没人”，心想：虽然总是会有一个人单着，但为什么总是剩下我呢？“老师，您不用管她。”站在旁边的大海突然开口说，“她呀，就喜欢自己发呆，像木头似的，也不着急找人。”旁边的同学都看着小美，那一刻，仿佛有什么奇怪的雾气把她与大家隔开了。老师温和地说：“没关系，你一个人跳也可以。”老师的话传递了一丝温暖，但小美心里还是冰凉冰凉的。

小美是一个很乖的孩子，不太爱说话，总是一个人想着自己的事。为什么会这样？小美边走边想：是因为我不爱说话吗？还是因为我跳绳跳得不够好？是因为我不好看吗？还是因为我成绩一般？……想着想着，学校的大门出现在路的尽头。

天越来越亮，但晴朗的天空中仍然能看到星星，它们是那样渺小，离得那么远……

2 讨论

（1）小美的情绪是什么？小美的状态是什么？

【说明】让学生充分表达。小美的情绪有悲伤、难过、迷茫、愤怒、无助、低落、自卑等，她的核心情绪是迷茫和无助，不知道如何改变现状。这种状态就是“孤独”，孤独是一种与他人隔离疏远的感觉。处于孤独状态的人经常会产生消极情绪，但也有可能产生积极的情绪。所以，状态和情绪还是有区别的。

（2）你有没有感到孤独的时候？请你和同桌交流一下自己的经历。

【说明】每个人都有感觉孤独的时候。学生在分享时可能会提到跟小美类似的情况，教师要引导学生回忆其他感觉孤独的场景。例如，自己一个人在家的时候；虽然爸爸妈妈都在家，但他们都在忙各自的事，顾不上管你的时候；遇到困难，他人都帮不上忙，只能自己面对的时候；来到一个陌生的地方时；等等。

（3）你觉得孤独是正常的吗？孤独是有意义的吗？孤独产生的负面情绪是有害的吗？

【说明】孤独是正常的，每个人都会有孤独的时候。孤独有时能让我们更独立，从这个角度说，它也是有意义的。但是，长期处于孤独之中，或是有强烈的孤独感，都会给我们带来伤害。

（4）当孤独来临时，我们要如何面对呢？

【说明】告诉学生面对孤独，首先要接纳孤独，然后引导学生探索面对孤独时的一般做法。例如，宣泄自己的情绪，但要做到“三不伤”；把自己的孤独和难处向爸爸妈妈或者亲密的朋友倾诉，减轻自己的压力；努力在孤独中学会独立。但是积极面对孤独并不意味着会走出孤独，还要引导学生寻找孤独原因，积极走出孤独。

（5）怎样走出孤独？

【说明】“走出孤独”要寻找孤独的原因，而孤独的原因往往和自己的需要密码和反应密码有关，因此想要走出孤独需要调整自己的需要密码和反应密码。这里可以引导学生找到小美孤独的原因：一方面，小美经常都是一个人，似乎不需要朋友，因此在交往中不理解他人也不了解自己，对自己缺乏肯定；另一方面，小美很少和他人沟通，与人疏远，而且对同学对她的“不理解”和“嘲笑”极其敏感。这两个方面分别对应着她的需要密码和反应密码。有学生可能会说小美孤独的原因是不自信，教师要引导学生分析出小美不自信的真正原因是上述的需要密码和反应密码。

3 活动小结

（1）每个人都有孤独的时候，我们要学会接纳孤独。

（2）接纳孤独就要理解孤独是有意义的。面对孤独，我们可以合理宣泄情绪，也可以向亲人、朋友倾诉。

（3）当孤独给我们带来伤害时，改变自己的需要密码和反应密码有助于我们走出孤独。

活动二 星光熠熠（15 分钟）

1 情景故事

星光熠熠

又是一天结束了，小美回到家中，闷闷不乐地开始写作业。妈妈看到小美的样子，停下手头的工作，走了过去。“小美，你怎么了？怎么不高兴了？”妈妈问。小美低下头，不开心地嘟囔着：“跳绳时都没有人想和我一组。”妈妈一愣，温柔地抚摸着小美的头，轻轻地说：“你问过他们吗？”小美想了想，摇了摇头：“我都不知道怎么开口。”妈妈笑着说：“那你怎么知道他们不想和你一组呢？我觉得你很棒呀！”小美又摇了摇头。妈妈拍了拍小美的肩膀，鼓励她说：“试试看嘛，先从打招呼开始。”小美将信将疑地看着妈妈，心里想：我真的很棒吗？

第二天早上，小美还是早早地出了门。出门时，看到妈妈充满鼓励和期待的眼神，小美感觉多了一点勇气。她一路上都在想着妈妈说的那句“你很棒呀”。进了教学楼，小美看到大海抱着一大摞作业本迎面走过来，她鼓起勇气，正要打招呼，只见大海身子一歪，手里的那摞作业本倒向一边。小美立刻冲上前去，扶住了作业本。看着大海满头大汗的样子，小美小声说：“早上好，大海，我帮你拿点吧。”大海大大咧咧地说：“早呀小美，太谢谢了，帮大忙了！”小美心里一暖，从大海手里拿过了半摞作业本。两人走到班里，有不少同学都到了。大海喊道：“快来帮忙呀，要不是小美，我都撑不到教室啦！”看着同学们的目光集中在自己身上，小美在心里默念：“我很棒，我很棒！”然后，她鼓起勇气说：“大家早上好！”同学们纷纷笑着回应：“早上好！”“早呀，小美！”还有人接过了她手里的作业本。看到大家的笑脸，听到大家的问候，小美开心极了！她开始和每一个进班的同学打招呼，发现大家也都笑着回应自己。

又到了体育课，老师让大家还按

照原来的小组组合跳绳，又是剩下小美一个人。这次，她走向大海的小组，笑嘻嘻地说：“加我一个呗，咱们三个一组吧。”大海笑着说：“可以呀，但是你可别跳着跳着又变木头呀……”“你才是木头呢！”小美说着，自己也笑了起来。这时她发现，“木头”这个词也没有那么刺耳了。他们在欢笑声中上完了这节课。

又是一天清晨，小美轻快地走向学校。天空中的晨星熠熠生辉，发出温暖的光芒。

2 讨论

（1）小美经历了怎样的情绪变化，她最后的情绪是什么？

【说明】可以通过列表的方式让学生仔细体会小美在整个过程中产生的情绪变化：妈妈鼓励的眼神让小美有了一点勇气；她主动帮助大海，跟他打招呼，大海的感谢让她感到温暖；同学们欣赏的目光，让小美感到温暖和骄傲，打招呼时更有自信了；主动申请加入其他小组时的勇敢和听到大海说她“木头”时的接纳与调皮的回应，让小美更加包容和自信。最后，老师问：“小美这时候开心吗？”请同学们大声回答：“开心！”让学生充分体会小美走出孤独的快乐。

（2）请给下面的星星涂色，用颜色表现小美走出孤独的情绪变化吧。

初始阶段　　转变阶段　　最终阶段

【说明】小美就像天空中的一颗星星，开始时没有光芒，到最后走出孤独时发出温暖的光芒。此处教师可以让学生用以前学过的情绪色彩画出小美走出孤独的过程。让学生给代表不同阶段的星星涂上不同的颜色，感受小美爱的光芒的转变。

（3）你们觉得小美迈出第一步难不难？为什么？

【说明】教师引导学生去感受，让学生自由发表意见。“难”表现在即使在妈妈的鼓励下，小美依然犹豫，并且打招呼都是小声的，可见这样的转变对于像小美一样的孩子是困难的。但是从小美开始关注大海，想要和大海打招呼那一刻开始，她就走出了第一步。在这个过程中，小美同时调整了自己的需要密码（自我肯定，关注他人）和反应密码（主动打招呼和不怕同学的玩笑话），之后小美不断收获同学们的回应，进而越来越有自信，很快就走出了孤独。打招呼、关注别人其实是不难的。需要注意的是：向妈妈倾诉只是面对孤独，并不是走出孤独；另外，小美的孤独主要是与同学之间同伴关系方面的孤独，不是与妈妈之间亲密关系方面的孤独，因此向妈妈倾诉并不是小美走出孤独的第一步，将自己内心的转变付诸行动才是走出孤独的第一步。

（4）小美的世界为什么会变？

【说明】小美的世界变了是因为妈妈的鼓励、同学的回应，但最重要的是小美自己鼓起勇气做出了改变，发出了爱的光芒。

3 活动小结

小美的世界变了是因为：（1）多关注身边的人，发出爱的光芒；（2）微笑对待周围的人，发出爱的光芒；（3）多一些自信，少一些敏感，不要遮蔽自己爱的光芒。走出孤独的第一步并不是那么难。

我学到了（1分钟）

（1）孤独是有意义的。面对孤独，首先要接纳孤独，然后可以合理宣泄，也可以向亲人、朋友倾诉。

（2）改变自己的需要密码和反应密码有助于我们走出孤独。

（3）多关注身边的人，微笑对待周围的人，多一些自信，少一些敏感，走出孤独的第一步并不是那么难。

第一单元
第二单元
第三单元
第四单元
第五单元

我的练功房（1分钟）

六级功夫第一招：点亮我的爱的星空。

1 练功目的

找到走出孤独的方法，发出爱的光芒，点亮爱的星空。

2 练功要领

（1）多关注身边的人，发出爱的光芒。

（2）微笑对待周围的人，发出爱的光芒。

（3）多一些自信，少一些敏感，不要遮蔽自己爱的光芒。

同学们，把你的“点亮我的爱的星空”的练功故事用图画或文字的形式记录下来吧。

第二课时　我的温暖地图

课时目标

1. 觉察周围的人给予自己的帮助和关爱，感受温暖和温暖中的情绪。
2. 体会得到的温暖有时是直接的，有时是间接的，感受温暖的传递。
3. 能画出自己的温暖地图，标出传递温暖的人的社会角色及其所在的社会机构，体会社会和祖国的温暖。

活动安排

活动名称	目标	准备	难点
活动一　感受我的温暖地图	目标 1 目标 3	无	体会让人感到温暖的地方可以是固定的，也可以是移动的；可以是近处的，也可以是远方的
活动二　居家学习的豆豆的温暖地图	目标 2 目标 3	无	无
活动三　来到我的生活里	目标 3	无	无

日常修炼

六级功夫第二招：我的温暖地图。

理论依据

人与人之间是相互关联的，任何人都无法离开他人而生活。从社会的角度看，这是由社会分工以及个人的有限性决定的。从人性的角度看，人们生活在一个意义世界、情感世界中，没有了爱就没有了温暖，个体行为和精神就会受影响。温暖是在得到关心和帮助的时候产生的一种心理感受，包含丰富的情绪。

感受社会的温暖，理解自己和他人、和社会分不开，这就是社会情感。社会情感是健康自我重要的情感基础，也是社会责任感和使命感的基础。

要发展小学生对社会的理解和社会情感，可以从社区开始，逐渐扩展到更大的世界；由能直接看见的内容开始，发展到不能直接看见的内容。

感受社会的温暖是对“学生健康自我成长课程”第三册《我的美好时光》一书所集中培养的感受美好能力的提升。

开课了（5分钟）

我还记得

各位同学，大家好！你还记得上节课我们学习的主题吗？我们都学了哪些内容呢？

主题：爱的星空

（1）孤独是有意义的。面对孤独，首先要接纳孤独，然后可以合理宣泄，也可以向亲人、朋友倾诉。

（2）改变自己的需要密码和反应密码有助于我们走出孤独。

（3）多关注身边的人，微笑对待周围的人，多一些自信，少一些敏感。走出孤独的第一步并不是那么难。

练功分享

六级功夫第一招“点亮我的爱的星空”你练得怎么样？说一说你的练功故事吧。

【说明】要引导学生学会根据练功目的和练功要领评价自己的练功情况。

导入新话题

同学们，生活中我们经常用到地图。说到地图，你会想到什么？它对你有什么帮助？我们一起来听听珊珊的故事，在听的过程中，请你思考：珊珊去过哪些地方？遇到了哪些人？这些人给了她哪些支持和帮助？

活动一 感受我的温暖地图（15 分钟）

1 情景故事

珊珊的温暖地图

我是珊珊，说说我的生活故事吧。

我的爸爸妈妈工作非常忙，但还是尽量抽时间给我做饭。我印象最深的就是10 岁生日时他们给我做的那顿大餐，很丰盛，让我感到很温暖。爸爸妈妈没时间给我做饭的时候，我到很多地方吃过饭。我最想去的是邻居王阿姨家，王阿姨家的饭菜可好吃了。

我特别喜欢去居委会，忘记带钥匙的时候，妈妈就让我在那里等她。在那儿我可以玩一会儿，还可以写作业、看书，一直等到妈妈回家。在那里，我感到既安全又温暖。

我家小区里有个超市，爸爸妈妈不在家的时候，我经常去那里买东西。每一次离开时，超市收银员李叔叔都会嘱咐我："小家伙，路上注意安全呀！"每次听到这句话，我都觉得心里很温暖。

学校离我家很近，我总喜欢在学校写完作业再走。每天离校时，门卫叔叔都替我开门，笑着挥手和我道别。

放学之后，我常去羽毛球馆打羽毛球。有一次打完球回家后，我发现书包落在球馆了，赶紧往回跑。跑到一个十字路口，忽然被人使劲拽了一下，我吓了一跳，回头一看，是一位交通协管员叔叔。他严肃地看着我说："小朋友，红灯，注意安全！"他指了指红绿灯。天哪，我差点闯了红灯，太危险了！

到了假期，爸爸妈妈送我到车站，让我独自坐长途汽车去远郊的爷爷奶奶家。第一次自己出远门，我有点害怕。乘务员阿姨看到我独自一人坐车，叮嘱我要系好安全带，然后弯下腰亲自检查，还亲昵地拍了拍我的头。得到乘务员阿姨的关照，我一个人坐车的紧张感顿时消除了大半。

快开学了，爸爸妈妈终于有时间带我出去玩了。坐在舒适的高铁上，看着车内显示屏上逐渐提升的速度，我感叹道：“高铁比汽车和普通火车快多了啊！”从电视新闻中我了解到，我们国家的高铁建设遍布很多地方，我们到很多地方都很方便，我感到特别开心和自豪！

…………

这就是我的生活故事。我把自己到过的地方和遇到的人画成了我的温暖地图。你的呢？

2 讨论

（1）结合故事和地图请你指出：珊珊去过哪些地方（社会机构）？遇到了哪些人（社会角色）？这些人给了她哪些支持和帮助？图中标出社会机构有什么意义？

【说明】这张地图很丰富，涉及人物、社会角色和社会机构，其中社会角色和社会机构是对应的，通过这些标注，我们会感受到社会中的各种机构都在为我们提供保障，给予我们温暖。

（2）如果让你绘制一张类似的温暖地图，你的地图上会出现哪些地方、哪些人？这些人给你提供了哪些支持和帮助？你感受到了什么样的温暖？你能说出他们的社会角色和他们所在的社会机构吗？请你认真想一想，简单画一画。

【说明】通过绘制自己的温暖地图，让学生体会生活中有很多人、很多地方都让我们感受到温暖。温暖是在得到关心和帮助的时候产生的一种心理感受，里面包含丰富的情绪。教师引导学生体会和表达温暖中的情绪，提示学生在画地图时使用符号或文字代替建筑物等，以节省时间。

（3）请同学们相互分享你们的温暖地图，然后想一想：得到这么多人和机构的帮助，你有什么感受呢？

【说明】先小组分享，然后每个小组推荐一个学生在全班分享。讨论中，引导学生去体会：①社会就是大家互相帮助、互相关爱的温暖的大社区；②很多帮助过我们的人都是我们的“贵人”，这些人有不同的社会角色，我们每个人的成长都离不开社会，离不开他人；③随着我们长大，我们的温暖地图越来越大，地点也逐渐向远方延伸；④温暖地图上的地点有的是固定的，有的是流动的，例如火车上、飞机上，这样的地点就不是固定的（第四点体会有点难，可以结合温暖地图引导学生）。

（4）是不是所有地方都能让你感受到温暖？当你在某些地方感受到温暖时，你感悟到了什么？

【说明】让学生尽情体会和表达自己的感受。请学生举例感受不到温暖的地方，理解并不是所有地方都会让我们感受到温暖，正因为有不温暖的地方，让我们感到温暖的地方才更加珍贵。

3 活动小结

（1）觉察他人给予的温暖，理解温暖是在得到关心和帮助的时候产生的一种心理感受，里面包含丰富的情绪。

（2）画出自己的温暖地图会让我们更喜欢自己的生活环境。

（3）生活中各行各业的人都会直接或间接地为我们提供支持和帮助，让我们感受到温暖，也让我们更了解和喜欢自己生活的社会。

活动二　居家学习的豆豆的温暖地图（13 分钟）

1 情景故事

豆豆的故事

2020 年的寒假是个不同寻常的假期，新冠疫情暴发了。我的父母都是医护人员，奋战在抗疫一线，住在郊区的爷爷奶奶赶来家里照顾我。

疫情期间，我的生活发生了很多变化。

除了家人之外，我每天第一个见到的人就是居委会的张阿姨。她总是一大早就来了解我家的情况，送来蔬菜水果和爷爷奶奶的药，还询问我们有什么需要。爷爷感激地说："我腿脚不便，天天麻烦你们，谢谢啦！辛苦你们了！"张阿姨说："这是应该的，我们都要感谢您的儿子儿媳呢！"

老师也特别关心我和我的父母，经常打电话询问我家里的情况。"你父母还好吧，让他们一定注意身体。你在家要积极锻炼，注意卫生。"这是我听到最多的话。

我的小伙伴们也经常联系我。他们有的和我聊聊有趣的事，有的和我分享从电视上看到的新闻，还有的说："等疫情结束了，咱们球场上见！"听到这些，我感觉有一股热流在心中流淌，暖暖的。

因为疫情，我们只能居家，不能外出活动。透过窗户，我总能看到小区门口的保安叔叔和志愿者叔叔戴着口罩在寒风中坚守，为进入小区的居民办理登记手续，用体温枪为居民测体温，填写各项信息；快递员叔叔穿着厚厚的大衣在门口等着大家取件；每天还会有一辆大卡车将新鲜的蔬菜送到社区，开车送菜的是一位胖胖的司机师傅。有了他们的保护和帮助，我内心的安全感、幸福感油然而生。

疫情阻隔了面对面的交往，但没有阻隔情感的交流。在新闻中，我看到：从病房出来，脸上满是勒痕，衣服能拧出汗水的医生和护士；高速公路上，在寒风中一站就是一天，为外来人员检测体温、检查通行证件的交警；每天背着重重的水箱喷洒消毒液的环卫工人；在工厂里加班加点生产口罩的工人……我们物资紧缺时，很多国家给我们捐赠物资，还有一些海外华人把当地的口罩都买空了，再想尽办法寄到武汉。

“武汉加油！中国加油！”在这些感人的故事中，我感受到一种温暖的力量，更为我们的祖国和人民而骄傲！

2 讨论

（1）疫情期间，足不出户的豆豆孤独吗？为什么？

【说明】可能有的学生认为豆豆不孤独，因为他得到了很多人的帮助，感受到了温暖；也有学生认为豆豆还是会觉得孤独，毕竟爸爸妈妈不在，也不能和小伙伴们一起玩。这两种回答都是学生的真实体会。

（2）有哪些人给了豆豆关怀和帮助？在得到帮助时，豆豆感受到温暖里的具体情绪是什么？

【说明】可以请学生说说每一次得到关怀和帮助时豆豆的具体情绪。例如，张阿姨送来蔬菜水果和爷爷奶奶的药时，豆豆会感到安心；老师嘱咐他积极锻炼时，豆豆会感受到鼓励；和小伙伴的约定让豆豆感到开心、激动……这些都会让豆豆感到温暖，降低他的孤独感。

（3）豆豆的爸爸妈妈不在家，你觉得豆豆能感受到爸爸妈妈带来的温暖吗？

【说明】豆豆的爸爸妈妈作为在抗疫一线治病救人的医护人员，他们的行为给社会带来了温暖，居委会的张阿姨和老师又将这份温暖传递给了豆豆。要引导学生体会这是爱的传递。

（4）你觉得在豆豆感受到的温暖中，哪些是直接接触的人带给他的，哪些是间接接触的人带给他的？

【说明】让学生充分讨论。温暖可以是直接接触的人带来的，也可以是间接接触的人带来的。例如，疫情期间在高速公路上为外来人员检测体温、检查通行证件的交警，在工厂里加班加点生产口罩的工人，豆豆并没有遇见他们，和他们没有直接接触，但他们认真负责地坚守岗位，为大家提供安全保障，也让豆豆感受到了温暖。

（5）结合自己的经历说一说：你感受到了哪些间接接触的人带给你的温暖？

【说明】鼓励学生联系我们在生活中得到的各种支持和帮助，进一步认识、体会自己和社会各方面的联系。例如，社区居委会的叔叔阿姨们为处理社区居民的公共事务而奔忙；快递员叔叔为我们送来我们需要的各种物资；蔬菜和粮食基地的工作人员保障了大家基本的生活需要；疫情期间，口罩等各种抗疫物资的生产没有停工，为我们的安全提供了保障；供暖机构的工作人员让我们在寒冷的冬天能待在温暖的屋子里；水文站的检测人员认真检测饮用水的水质，保障了我们的饮水安全；曾经来中国演出的捷克爱乐乐团专门为中国听众送来《茉莉花》；党中央成立的疫情工作领导小组在疫情期间指挥和协调各方面的工作，保障了我们隔离在家的人们的正常生活……

3 活动小结

（1）遇到困难时，我们会得到他人的关心和社会的关怀。

（2）直接接触的人和间接接触的人都能带给我们温暖，让我们感受到温暖的传递。

（3）我的温暖地图很大，内容很丰富，从中我能感受到社会和祖国的温暖。

活动三 来到我的生活里（5分钟）

同学们，你们接受过他人的帮助吗？那些为你们提供支持和帮助的人不一定都是你们直接接触的。请你们根据自己的经历用不同颜色继续丰富自己的温暖地图。

【说明】在绘制温暖地图时，要让学生做到以下几点：（1）标出的是给予自己帮助的人，可能知道名字，也可能不知道名字；（2）知道对方名字的写出名字，同时尽量写出其社会角色和所在社会机构；（3）使用符号或文字代替建筑物等，以节省时间；（4）请教师在学生绘图时配乐，让学生在音乐声中绘图。

我学到了（1分钟）

（1）温暖是在得到关心和帮助的时候产生的一种心理感受，里面包含丰富的情绪。

（2）直接接触的人和间接接触的人都能带给我们温暖，让我们感受到温暖的传递。

（3）生活中各行各业的人都会直接或间接地为我们提供支持和帮助，让我们感受到温暖，也让我们更了解和喜欢自己生活的社会。

（4）我的温暖地图很大，内容很丰富，从中我能感受到社会和祖国的温暖。

我的练功房（1分钟）

六级功夫第二招：我的温暖地图。

1 练功目的

（1）丰富自己的温暖地图，感受温暖的社会。

（2）理解自己离不开他人，离不开社会，离不开祖国。

2 练功要领

（1）和爸爸妈妈一起丰富自己的温暖地图。

（2）在地图上每一个温暖的地方画上一个小太阳，在小太阳旁边简要地写出以下内容：①让我感到温暖的人（尽量写出名字）；②这个人的社会角色；③这个人所在的社会机构；④自己当时的情绪。

同学们，拿起画笔来绘制一幅你的温暖地图吧！（可以在活动三中你画好的温暖地图上修改，也可以重新画一幅）

第二单元

我的小太阳

单元目标

1. 理解能够准确体察、了解他人内心的需要并及时提供帮助，自己才能成为小太阳。
2. 体会自己被需要并为满足他人需要做出努力时的幸福感和成就感。
3. 倾听内心对美好和爱的期待，理解朋友间的真爱，学会对爱负责。
4. 能够运用护花原理，以美好唤起美好，以爱唤起爱。
5. 能够修复破窗，不放弃美好，做出真爱的拒绝。
6. 体会同伴压力和同伴支持，掌握得到同伴支持的方法，以安全的方式对爱负责。

单元内容结构

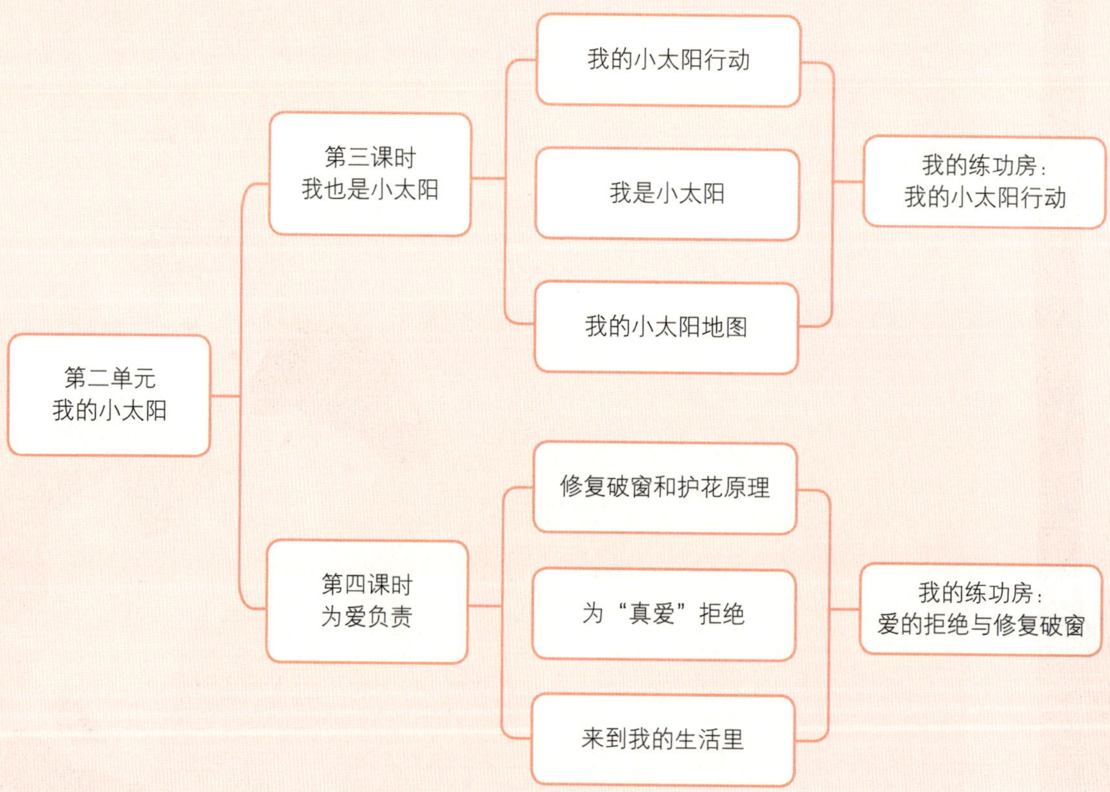

第三课时　我也是小太阳

课时目标

1. 理解能够准确体察、了解他人内心的需要并及时提供帮助，自己才能成为小太阳。
2. 体会自己被需要并为满足他人需要做出努力时的幸福感和成就感。

活动安排

活动名称	目标	准备	难点
活动一　我的小太阳行动	目标 1	自己帮助他人的故事	想不起来或者不好意思说出自己帮助他人的故事
活动二　我是小太阳	目标 1	无	对讲述故事的人不知如何表达感谢
活动三　我的小太阳地图	目标 2	无	无

日常修炼

六级功夫第三招：我的小太阳行动。

理论依据

本节课一个非常重要的概念是“被需要”。

在被需要中我们能同时体会到成就感和幸福感。我们在被需要的时候会产生自身存在的价值感，会获得尊严，有成就感，同时能体会到他人对自己的情感依恋，感受到幸福。

从只知道满足自己的需要，到感受到并认识到自己被需要，是从接受爱到付出爱的跨越，是对自己与他人和社会的关系的体会和认识的重要跨越，也是自我成长的重要跨越。我们要让学生在被需要中体会自己也是小太阳。

被需要不仅是一种归属，也是一种自由。“‘被需要’是一种自由，是指每个人在‘被需要’时，会相应产生在价值上‘利他’的‘行动空间’。‘被需要’的地方多，‘利他’的‘行动空间’就多，自由也多；‘被需要’的地方少，‘利他’的‘行动空间’就少，自由也少。”[①]通俗地说，不被需要的人，都没地方可去。可以说，“‘被需要’是一种自由，本质上就是指这样的自由，它实现了‘利己’和‘利他’的统一”[②]。因此，“教育平等、机会均等的重要意义，不仅仅在于保障了人们的生存和发展权，还在于创造了人们参与社会贡献的‘行动空间’，在能力和平台上给了人们为社会付出的机会，这是比随心所欲更高层次的自由”[③]。我们要让学生在“我的小太阳地图”中看到自己在各处为社会做贡献的身影，体会这些“各处”就是让自己感受到温暖，内心惦记、想去的地方。

总之，我们希望学生通过被需要获得幸福、尊严和自由，获得自我的成长。

---

① 漆效良，翟文茜．“被需要”也是一种自由[N].解放军报，2011-12-22(7).
② 同①。
③ 同①。

开课了（5分钟）

我还记得

大家好！你还记得上节课我们学习的主题吗？我们都学了哪些内容呢？

主题：我的温暖地图

（1）温暖是在得到关心和帮助的时候产生的一种心理感受，里面包含丰富的情绪。

（2）直接接触的人和间接接触的人都能带给我们温暖，让我们感受到温暖的传递。

（3）生活中各行各业的人都会直接或间接地为我们提供支持和帮助，让我们感受到温暖，也计我们更了解和喜欢自己生活的社会。

（4）我的温暖地图很大，内容很丰富，从中我能感受到社会和祖国的温暖。

练功分享

六级功夫第二招“我的温暖地图”你练得怎么样？和大家分享一下吧。

【说明】通过活动展示出学生上节课后的练功情况，增强学生的自信心。教师有针对性地对大家的练功进行点评。

导入新话题

在同学们的温暖地图中可以看到，很多人都在我们最需要的时候帮助过我们，给我们带来了温暖，就像我们身边的小太阳一样。其实，我们每个人都可以是小太阳，让我们一起走进今天这节课——我也是小太阳。

活动一　我的小太阳行动（7分钟）

1 讨论

请同学们讨论下面两个问题。

（1）在成长过程中，你曾经帮助过谁？当时你的感受是什么？

【说明】先让同桌之间小声交流，然后小组分享，最后全班同学一起分享。要让学生理解他之所以去帮助某个人，是因为这个人需要他的帮助。学生的感受可能是幸福、感动、惊喜等。归根结底，帮助他人时的感受可以分为让人自豪的成就感和让人温暖的幸福感两个方面。可能很多同学关注的是自豪，自豪强调的是能力，教师要引导学生体会给别人带来的温暖以及这种温暖反过来带给自己的幸福感。

（2）你帮助他人做过哪些事情？你是怎么观察到他人的需要，又是怎么满足他人需要的？

【说明】教师可以和学生交流：①你是怎样观察到他人需要的？学生可能会回答通

过观察别人的情绪来觉察别人的需要。②你有没有观察不准确导致好心办坏事的时候？例如，想帮妈妈收拾卫生结果误扔了妈妈包在卫生纸里的耳钉，这提示学生观察要更仔细，在帮助他人的时候还需要观察别人的做事方式或者环境。③当你观察到别人的需要或别人提出需要但你给不了帮助的时候，你能做什么？可以给别人陪伴或者温暖。总之，要让学生理解他之所以能成为小太阳，是因为他能用心观察和体会他人的需要。

2 活动小结

（1）被需要，我幸福，我自豪。

（2）要成为别人的小太阳，首先要去观察和体会他人的需要。

（3）可以通过观察他人的情绪、做事方式或者环境等体会他人的需要。

（4）当自己没有能力帮助他人的时候，可以通过陪伴和善意的表达来传递温暖。

活动二　我是小太阳（16分钟）

1 我经常帮助别人，我是小太阳

哪位同学在班里经常帮助别人？

【说明】找一个经常帮助别人的学生，请受到帮助的同学站起来用一句话说出“小太阳”当时是怎么帮助他的：“×××，谢谢你在……方面帮助了我，当时我的感受是……，你是我的小太阳！”。最后，教师结合学生分享的故事总结出：帮助有大有小，无论大小，只要帮助过别人，你就是小太阳。

2 我好像没有帮助过别人，我是小太阳吗？

班里有没有同学觉得自己没有帮助过别人？

【说明】课前，教师可以提前通过调研询问，找到一个觉得自己没有帮助过班里同学的学生。教师课前仔细回忆，或者找这位同学的好朋友一起回忆这位同学对自己或其他同学的帮助。

课上，教师可以按照以下步骤来做：（1）请接受过这位同学帮助的学生走到台前，像右图中的人物这样面对面站好并把手搭起来，形成一个花型拱门；（2）请这位同学穿过“花型拱门”走到每一个他帮助过的同学面前；（3）请被帮助过的同学依次用一句话说出：“×××，谢谢你在……方面帮助了我，当时我的感受是……，你是我的小太阳！”（4）请这位被称为“小太阳”的同学说一说自己当下的感受，比如，有能力帮助他人的自豪，给他人留下美好回忆的感动、温暖、幸福等，最后请这位学生这样表达：“我不记得帮助过同学们了，我居然也是小太阳。”

3 活动小结

（1）我帮助过别人，给别人留下美好回忆，我幸福。

（2）我也是小太阳。

活动三　我的小太阳地图（10 分钟）

1 画出我的小太阳地图

上节课我们画过“我的温暖地图”（见上页图），画出了自己在哪些地方得到过帮助、感受过温暖。经过这节课的学习，你们是否想起了自己曾经给予他人的帮助和带给世界的温暖？请大家参照“我的温暖地图”画出“我的小太阳地图”，继续自己的美好回忆吧。

【说明】让学生用自己喜欢的方式画出“我的小太阳地图”。提示学生：（1）回忆你帮助过的人，可以是家人、朋友、同学、同社区的人，也可以是陌生人；（2）可以按照一定的顺序（如由远及近或者由近及远）来画；（3）在画上你帮助过的人旁边简单写出你是怎么帮助他们的（可以是一次，也可以是多次，可以用数字标出次数）；（4）想一想被帮助过的人的心理感受可能会是什么；（5）在你帮助过的人旁边画上一个温暖的小太阳。

2 分享我的小太阳地图

请同学们互相分享你们的小太阳地图。

【说明】先让学生在小组内分享，每个学生分享之后，请组内其他学生用一句话表达自己的感受。最后，请一两个学生在全班分享，让学生体会画着小太阳的地方就是给自己温暖的地方，是心里惦记的地方，更是自己想去的地方。通过这样的方式让大家共享幸福。

3 活动小结

我的小太阳地图上有很多小太阳，我在温暖着这个世界。

我学到了（1分钟）

（1）被需要，我幸福，我自豪，我也是小太阳。

（2）要成为他人的小太阳，首先要去观察和体会他人的需要。

（3）帮助过他人，给他人留下美好回忆，我幸福。

（4）我的小太阳地图上有很多小太阳，我在温暖着这个世界。

我的练功房（1分钟）

六级功夫第三招：我的小太阳行动。

1 练功目的

感受被需要的幸福，开始自己的小太阳行动。

2 练功要领

（1）发现他人最需要什么样的帮助。

（2）确认自己的小太阳行动对自己和他人都是安全的。

（3）体会做小太阳的感受。

我的小太阳行动

行动时间和地点	帮助的人及其需要	我提供的帮助	是否安全	我的感受

第四课时　为爱负责

课时目标

1. 倾听内心对美好和爱的期待，理解朋友间的真爱，学会对爱负责。
2. 能够运用护花原理，以美好唤起美好，以爱唤起爱。
3. 能够修复破窗，不放弃美好，做出真爱的拒绝。
4. 体会同伴压力和同伴支持，掌握得到同伴支持的方法，以安全的方式对爱负责。

活动安排

活动名称	目标	准备	难点
活动一　修复破窗和护花原理	目标 1 目标 2 目标 3 目标 4	无	学会规避风险，争取好朋友的支持；理解护花原理并尝试应用
活动二　为"真爱"拒绝	目标 1 目标 2 目标 3 目标 4	无	想清楚"不拒绝"的风险
活动三　来到我的生活里	目标 1 目标 2 目标 3 目标 4	无	在现实生活中看到破窗现象，想到破窗理论；倾听自己内心想要的美好和爱

日常修炼

六级功夫第四招：爱的拒绝与修复破窗。

理论依据

政治学家詹姆士·威尔逊及犯罪学家乔治·凯林1982年在《大西洋月刊》（*The Atlantic Monthly*）上发表了一篇题为“破窗”（Broken Windows）的文章，首次提出了破窗理论。[①] 破窗理论认为，环境中的不良现象如果被放任存在，会诱使人们效仿，甚至变本加厉。我们应该让学生懂得，为了维护社会的美好和爱，每个人都要努力地及时修复破窗。

面对破坏行为时，推动我们修复破窗的力量是我们对美好和爱的追求。这种内心的追求就是一种承诺。“预先承诺是一种有效的自我控制策略，通过提前做出一个有长远目标的决定来限制自己对即时诱惑的选择，可以避免在未来决策中由于意志力缺乏而出现自我控制失败。”[②]

同时，学生还需要懂得护花原理。心理学家威尔逊所在城市的公园里，经常发现有游客摘花，公园管理者立了许多写着“禁止摘花”的牌子，仍然无法阻止游客的这些不良行为。面对这一现象，威尔逊建议将警示语换成一种优美动人的语言，如“把花朵留在枝头，让美丽留在心里”等。结果，摘花的人骤然减少。这种现象被人们称为护花原理。护花原理在本质上是一种友善的拒绝方式，也可以说是主张以爱的方式拒绝。修复破窗和护花原理都是特定术语，但在文中为了简练，不再加引号。

---

① 谢明．从“破窗理论”看交通管理[J]．道路交通管理，2018(12)：26-27.

② 利振华，聂衍刚，梁梓勤，等．预先承诺对亲社会行为的影响：来自行为和ERP的证据[C]//第二十二届全国心理学学术会议摘要集，2019：205-206.

但有的时候，学生会面对同伴压力。所谓同伴压力，是指学生会受同伴的影响做一些他平时不会做的事情，或者因为受同伴的影响而不再做他原本喜欢做的事情。我们之所以会受影响，是因为我们想要得到同伴的认可和接受。例如，同伴都在玩电子游戏，自己一个人不玩，就会感觉到同伴压力，有可能因为扛不住这种压力也跟着玩了。面对同伴压力，想拒绝或者制止自己不喜欢的事情，不仅需要勇气，还可以争取同伴的支持，形成一种共同的舆论和积极的氛围。

开课了（5分钟）

我还记得

各位同学，大家好！上节课我们学习的主题是什么？你还记得上节课学了什么吗？让我们复习一下。

主题：我也是小太阳

（1）被需要，我幸福，我自豪，我也是小太阳。

（2）要成为他人的小太阳，首先要去观察和体会他人的需要。

（3）帮助过他人，给他人留下美好回忆，我幸福。

（4）我的小太阳地图上有很多小太阳，我在温暖着这个世界。

练功分享

六级功夫第三招“我的小太阳行动”你练得怎么样？和大家分享一下你的练功故事吧！

【说明】要引导学生学会根据练功目的和练功要领评价自己的练功情况。

导入新话题

同学们，我们生活在一个美好的、充满爱的世界里，但是，生活中也会有不尽如人意的地方。这时候，我们该怎么办呢？老师给大家介绍两个原理——破窗效应和护花原理，也许对你们会有帮助。

活动一 修复破窗和护花原理（13分钟）

1 情景故事

他看起来很厉害……

最近，学校开始施行垃圾分类。楼道的垃圾桶上贴上了各类垃圾的标志，周围墙面上也张贴了图文并茂的宣传海报，说明了垃圾分类的具体要求。

小迅特别喜欢干净明亮的楼道，他认真学习了垃圾分类的要求，看见地面上有垃圾就会主动捡起来，然后按照垃圾分类的要求扔进相应的垃圾桶。

可是不久后，他发现还是有人乱扔垃圾，而且垃圾总被扔到一个桶里。怎么回事？小迅开始留心观察。几天后，他发现是隔壁班里的一个男生拉着几个同学一起干的。他们嫌麻烦，总趁着别人不注意的时候乱扔垃圾，还直接把垃圾倒进一个桶里。“这可不行啊！怎么办呢？”小迅想找那个男生理论，但看他身强力壮又挺横的样子，身旁还有一帮同学跟着，担心自己根本不是他们的对手……

一天，小迅正想着这事，好朋友小郑过来了。小郑看到小迅发愁的样子，就问他怎么回事。小迅告诉他之后，小郑说：“那个男生叫小强，他可厉害了，你最好别招惹他。”后来，那些男生不在的时候，小迅还是会忍不住把他们乱扔的垃圾重新按照要求做好分类，分别扔到相应的垃圾桶里。可是，一有垃圾他们还是扔到一个桶里，而且扔得比以前还多。小迅觉得心里很不是滋味。

有一天，他忍不住和自己的好朋友壮壮说了这件事。壮壮听了很生气，觉得这事要管。他觉得光凭他们两人的力量还不够，就和班里的卫生委员小曼一起讨论。最后，大家决定成立一个临时的楼道垃圾管理小组，每天安排两个同学一起在楼道里值班。小曼提议将计划向班主任王老师汇报。王老师被他们对学校的热爱所感动，提出可以在垃圾桶旁边的墙上贴一些小迅过去拍摄的美丽楼道的照片和大家认真做垃圾分类的照片，照片下面再贴一行字——“让我们的楼道更加美丽”。当他们把照片和文字贴上并安排同学们轮流值日之后，那几个同学真的没有再乱扔垃圾了。小迅心里开心极了！

2 讨论

（1）在故事最后，小迅是什么情绪？

【说明】小迅的情绪是开心，但是“开心”背后藏着很多情绪，可能有舒畅、骄傲等。小迅觉得舒畅是因为他希望大家做好垃圾分类的想法得到了好朋友、同学和老师的支持。小迅觉得骄傲一方面是因为他有这么好的朋友，生活在这么好的班级里；另一方面是因为他没有放弃自己的美好愿望。尽量让学生体会和表达“开心”中蕴含的各种情绪以及这些情绪对应的内心需要，进一步提升学生的情绪觉察能力和情绪理解能力。

（2）你觉得小迅在处理这件事时哪些方面做得好？其他人又出了哪些好主意？

【说明】尽量让学生讨论，教师整理并适当补充。小迅的做法中有以下几个方面需要肯定：（1）小迅爱学校，看见地面有垃圾就主动捡起来扔到垃圾桶，维护楼道的整洁；（2）没有鲁莽行事，善于观察和分析风险；（3）善于争取好朋友的支持，在没有得到小郑支持的情况下也没放弃，最后得到了壮壮的支持。其他人提出的好主意有：（1）壮壮提出找卫生委员商量，争取了班集体的支持；（2）卫生委员小曼提出向班主任汇报；（3）班主任王老师提出贴上美丽楼道的照片、大家认真做垃圾分类的照片以及相关文字。

（3）你觉得他们解决了乱扔垃圾和垃圾分类问题的关键是什么？

【说明】让学生充分讨论，最终找到三个关键点：一是小迅爱学校，希望楼道永远那么干净美好，这是对美好和爱的期望；二是小迅在同学乱扔垃圾时及时捡拾垃圾，让楼道始终保持干净整洁，这就是在修复破窗，后来其他同学和老师也加入了修复破窗的行动中；三是活动中王老师提出张贴美丽楼道的照片和大家认真做垃圾分类的照片，并贴上一行字“让我们的楼道更加美丽！”，这就是用美好的画面唤起学生对美好的追求，是护花原理的体现。

3 活动小结

（1）以爱的方式坚守心中的美好；倾听内心的声音，想象心中美好的画面，为心中的美好和爱负责。

（2）运用护花原理，以美好唤起美好；及时修复破窗，不放弃美好。

（3）不要自己一个人冒险，要寻求朋友、同学和老师的支持。

活动二 为“真爱”拒绝（12 分钟）

1 情景故事

过生日也烦恼

小强今天过生日，午间休息时，几个好朋友都送来了生日祝福。小天提议，放学后大家一起去网吧联机打游戏，以此给小强庆祝生日。小强虽然喜欢打游戏，但他觉得这样不好，低着头没说话。他正想着该怎么说，几个好朋友七嘴八舌地说：“小强，去吧！”“今天你过生日，难得的机会，咱们得庆祝一下啊！”“兄弟，你怎么这么㞞啊！”小强心里更犹豫了……

2 讨论

（1）小强决定去或者不去，分别会有怎样的后果？

【说明】小强可能会决定去，结果是“大家都很开心”。去了真的能开心吗？此时由老师从两个方面引导学生思考：一个是由表及里地思考，表面的思考是小强去了会受到爸爸妈妈的批评，他心里会害怕，深入的思考是去打游戏要编谎言欺骗家长，内心会忐忑，同时有的游戏是不健康的，打游戏也会浪费时间，如果小强去了，可能会因自己自控能力不够而失望；另一个方面是由自己想到他人，如果自己去打游戏，那大家都要去，这是对朋友不负责，小强的心里也会觉得愧疚。

小强也可能决定不去，拒绝小天和其他朋友。结果可能是小天觉得小强不给自己面子，小强失去小天这个朋友，还可能会遭到报复。其他朋友也可能会觉得小强“㞞”，从而看不起他。想到以后可能会受到好朋友的排斥，小强会觉得担心、害怕、孤独。

（2）你希望小强拒绝吗？为什么？

【说明】大多数学生都会希望小强拒绝，但又会觉得他很为难。这时教师可以追问：如果不拒绝，以后可能会发生什么事情？如果小强这次没有拒绝，可能小天下次还会邀请他，以至于他多次去网吧打游戏，慢慢迷上网络游戏，最后不能自拔，破罐子破摔……这种现象是什么现象呢？试着让学生联系第一个活动，想到破窗效应。教师要引导学生理解，放弃自己、“破罐子破摔”也是一种破窗现象。因此，根据这一理论，小强应该选择拒绝，为了对自己的爱而坚守。

（3）联系在活动一中学到的知识想一想：小强怎么做才是真正地爱自己又爱朋友？

【说明】根据活动一的经验，小强可以找到支持自己不去网吧打游戏的朋友结成联盟，同时可以和这些朋友商量一种更好的庆祝生日的方式，例如一起去打篮球、一起去唱歌等，然后感谢小天记得自己的生日，邀请小天参加自己设计的活动。如果小天还坚持要去网吧打游戏，小强可以和支持自己的朋友一起告诉小天，谢谢他的好意，但不希望因为自己的生日让大家都瞒着爸爸妈妈去网吧打游戏，因为这样会让父母着急，对他们自己也不好，唤起小天心中的美好。教师要引导学生应用同伴支持和护花原理，做出友好的拒绝。

总之，小强要以爱的方式表达拒绝：首先表达内心的美好愿望和对朋友的感恩，以美好唤起美好；其次，争取同伴的支持；最后，坦诚表达拒绝。

（4）通过这个活动，你觉得什么是真正地爱自己、爱朋友？

【说明】让学生自己讨论并归纳出什么是真正地爱自己、爱朋友（简称“真爱”）。“真爱”是爱自己，是倾听自己的内心，实现心中的美好，同时注意规避风险。“真爱”是爱朋友，是通过信任和支持向朋友传递自己的爱。此外，“真爱”是对朋友负责，要学会以爱的方式拒绝。

3 活动小结

（1）“真爱”是爱自己，是倾听自己的内心，实现心中的美好，同时注意规避风险。

（2）“真爱”是爱朋友，是通过支持和信任向朋友传递自己的爱。

（3）“真爱”是对朋友负责，以爱的方式表达拒绝：表达内心的美好愿望和对朋友的感恩，以美好唤起美好；争取同伴的支持；坦诚表达拒绝。

活动三　来到我的生活里（8分钟）

同学们，在下面这个情境中，为了爱，你会怎样做?

你和一个朋友踢球，朋友把球踢飞了，打碎了人家的玻璃，他要承担责任，这时，你……

【说明】请学生应用前面几个活动中学到的内容来决定自己该做什么。建议：首先，理解玻璃被打碎的那家人的心情，听到内心的爱；其次，珍惜和朋友之间的友谊，想好和朋友一起去人家家里怎么道歉；最后，找家长或者社区居委会的叔叔阿姨带自己和朋友去道歉，规避风险。

我学到了（1分钟）

（1）爱是对美好的坚守：倾听内心，想象美好的画面；运用护花原理，以美好唤起美好；及时修复破窗，不放弃美好。

（2）爱也是拒绝：表达内心的美好愿望和对朋友的感恩，以美好唤起美好；争取同伴的支持；坦诚表达拒绝。

（3）“真爱”是爱自己，也是爱朋友。

我的练功房（1分钟）

六级功夫第四招：爱的拒绝与修复破窗。

1 练功目的

为了实现心中的美好，学会以爱自己、爱朋友的方式合理拒绝。

2 练功要领

（1）在具体事件中看到破窗现象，想到破窗效应。

（2）倾听自己的内心，想象美好的画面，坚守心中的美好和爱（为了爱）。

（3）尽可能及时修复破窗，不要放弃。

（4）在不安全和自己能力有限的时候，争取同伴、老师、家长以及其他人的支持，规避风险。

（5）利用护花原理表达拒绝，坚持修复破窗，以美好唤起美好，引导他人转变。

爱的拒绝与修复破窗

破窗现象	想象美好的画面，倾听内心的爱	利用护花原理表达拒绝，修复破窗	
		个人力所能及的行为	找到的支持

第三单元

我真的很美

单元目标

1. 知道美是可以讨论的，也是需要探索的，每个人的美包括外在美、才华美和内心美，人们对美的探索是从外在美开始的。
2. 理解外在美和才华美更显眼，可以用眼睛看到，而内心美是内在的、朴素的，要用心体会。
3. 体会和理解内心美包括真实的美、善良的美和奋斗的美等。
4. 理解外在美和内心美是一个人健康、自信的前提。
5. 学会制作“我的美丽清单”，认识到“我真的很美”。

单元内容结构

- 第三单元 我真的很美
  - 第五课时 我美吗?
    - 这个问题……
    - 我的外貌美丽清单
    - 身体姿态美自测
    - → 我的练功房：我的美丽清单
  - 第六课时 我心绽放
    - 月月美吗？
    - 壮壮的自述
    - 来到我的生活里：我心绽放
    - → 我的练功房：我心绽放

第五课时　我美吗？

课时目标

1. 认识到自己的外在美是可以探索的，美是可以讨论的。
2. 体会每个人的美都是独特的，要发现和欣赏自己的美。
3. 理解外在美包括外貌美和姿态美，丰富自己的美丽清单，让自己更加美丽。
4. 让自己健康、自信，从而变得更美。

活动安排

活动名称	目标	准备	难点
活动一　这个问题……	目标 1	无	有些学生可能会害羞
活动二　我的外貌美丽清单	目标 2	无	有些学生发现不了自己的外貌美
活动三　身体姿态美自测	目标 3 目标 4	无	让学生发现自身的不足

日常修炼

六级功夫第五招：我的美丽清单。

理论依据

世界卫生组织专家建议将 10 ~ 20 岁作为青春期的年龄范围。小学五、六年级的学生正处于这个阶段，这也是他们人生中身体、自我、审美等发展的重要阶段。

“我美吗”是青春期孩子非常关注、经常自问和互相询问的一个问题。他们问这个问题，表面上看是审美意识萌发，实质上是他们对自我的审视，是其自我意识萌发和发展的一个重要方面。

世上相貌出众的人毕竟是少数，绝大多数人相貌平平。但是，每个人都有自己独特的美，就如同世间万物都有自己独特的美一样。美是一种感受，没有绝对的、统一的标准。因此，让学生认识自己独特的美，有利于他们建立对自己的美的自信。

男孩 12 ~ 16 岁、女孩 10 ~ 15 岁是骨骼加速发育的时期，坐姿、站姿和运动姿态等都会对学生的骨骼发育和身体形态产生重要影响。身体侧倾、高低肩、圆肩驼背、O 型腿、X 型腿、OX 型腿、骨盆前倾、骨盆后倾、膝关节超伸等都属于不良体态。因此，如果在身体发育的关键时期，在还没有出现这些问题时，让学生对人体美和自身美形成良好的认知、体验和自我预期，将有助力于学生积极主动地管理自己的身体，形成明确、良好的身体自尊。

能否悦纳自己是衡量一个人的心理状态是否积极、健康的一项重要指标。如果学生能够充分认识自己的美，建立起“我是美的”这样的自我概念，他们就会产生自信。这种自信会让学生积极探索自己的美，从而让自己变得更美。这种自信本身也会让他们显得更有光彩。因此，我们要尽量让学生建立对自己美的自信，并体会自信能让自己更美。

开课了（5分钟）

我还记得

各位同学，大家好。你还记得上节课我们学习的主题吗？我们都学了哪些内容？

主题：为爱负责

（1）爱是对美好的坚守：倾听内心，想象美好的画面；运用护花原理，以美好唤起美好；及时修复破窗，不放弃美好。

（2）爱也是拒绝：表达内心的美好愿望和对朋友的感恩，以美好唤起美好；争取同伴的支持；坦诚表达拒绝。

（3）“真爱”是爱自己，也是爱朋友。

练功分享

六级功夫第四招“爱的拒绝与修复破窗”你练得怎么样？说一说你的练功故事吧！

【说明】引导学生学会根据练功目的和练功要领评价自己的练功情况。

导入新话题

同学们，世间万物都有它独特的美。我们先来欣赏一些图片吧！[①]

今天，老师请同学们都带了一面小镜子，这节课，就让我们一起来探索自己独特的美！

活动一　这个问题……（10分钟）

同学们，你们问过自己"我美不美"或"我帅不帅"吗？

1 讨论

（1）你们有没有过这样的经历：在班级中，有的同学经常被夸"美"或者"帅"，但你却很少被夸？

【说明】有些学生可能会说有这样的经历。教师可以追问：假如很少有人夸你美，就意味着你不美吗？也可能有同学说我们没有讨论过这个问题，此时教师可以追问：你们觉得这个问题需要讨论吗？是可以讨论的吗？两个问题不需要同时提问，教师可以根据班级授课情况决定提哪个问题，通过对问题的讨论，引导学生体会每个人都有自己独特的美。

（2）在家照镜子时，有时觉得自己很美，有时又对自己的长相不满意，同学们，你们有过这样的感受吗？为什么会出现这种情况？

---

① 教师可自行寻找美丽的自然景观、人文景观、动物、人物等的图片。

【说明】大多数学生都有过这样的感受，让学生充分讨论原因。可能的原因有：（1）有的角度正好体现了自己的美；（2）有时穿着合适，有时可能不很合适；（3）有时情绪好会活力四射，宁静会让自己平和优美；（4）觉得自己好看时越看越觉得好看，觉得自己不好看时越看越觉得不好看。

（3）你们觉得外在美可以讨论吗？需要探索吗？探索外在美的人都是什么样的人？

【说明】让学生自然地、充分地讨论。教师可以从以下方面引导：（1）我们首先看到和欣赏的往往是外在美，包括大自然的美、人类创造的环境的美和人自身的美，我们每个人的美都是世界美的组成部分；（2）每天看到和感受到自己的美，可以通过集体照或者视频让学生感觉到自己的美是整个画面美中的一部分。体现了自尊，也是一种享受；（3）每个人的外在美都是独特的，需要自己去探索、确定和不断完善。因此，外在美是可以讨论的，也是需要探索的。探索外在美的人都是有自信的人和爱美的人，不断探索外在美能让人更加自信。

2 活动小结

每个人的外在美都是独特的，是需要探索的。不断探索自己的外在美会让自己变得更加自信。

活动二　我的外貌美丽清单（15 分钟）

1　外在美的探索

（1）为什么有些人穿得很好却不好看呢？

【说明】让学生充分讨论，发现原因：（1）可能是不知道怎么搭配；（2）可能表情、姿势、体态等需要纠正；（3）可能是不清楚自己的特点，不能把自己的美展现出来；（4）每个人的审美标准并不是统一的。同时引导学生体会外在美包括外貌美和姿态美。外貌美包括头发、五官和身材等方面的美，姿态美包括表情、身体姿势、体态等方面的美。

（2）我们可以从哪儿开始探索自己的外在美？

【说明】有的学生可能会说，从纠正自己的不足开始。教师要引导学生理解自信非常重要，建议对自己美的探索从发现自己的外貌美开始。发现美能让自己更自信，发现自己独特的美才能充分展示自己。

2　我的外貌美丽清单

前面提到外在美包括外貌美和姿态美，让我们先来探索一下自己的外貌美吧。外貌美包含哪些方面呢？

【说明】学生可能会先提到头发、五官、身材，就让他们先从这三个方面列出自己的外貌美丽清单。先个人思考，然后同桌之间相互补充，最后请一两个学生在全班分享。

我的外貌美丽清单

我的头发______________

我的眼睛______________

我的鼻子______________

我的脸形______________

我的身材______________

我的________________

同学们，在分享你的美时，请你这么说：“我是__________，我的__________（眼睛、鼻子等）________________________________（优点）。我爱我自己，我以后________________________________（如何发扬优点，让自己变得更美）。”

同伴评价：____

在发现和表达自己的美的过程中，你有什么感受？

【说明】让学生体会发现和表达自己的美会让自己快乐和自信，认识到美是可以探索的，通过探索能够发现自己独特的美，能让自己更加自信。

3 活动小结

（1）外在美包括外貌美和姿态美。

（2）发现外在美要从发现自己的外貌美开始。

活动三　身体姿态美自测（8分钟）

1 讨论

为什么有的人长得很好看，但整个人显得不好看？

【说明】引导学生找出原因，让他们体会姿态美的重要性。姿态美是外在美的一个重要方面。

2 身体姿态自测

同学们，下面的身体姿态自测表中列出了几种常见的不良体态，请你根据自己的情况填写。如果你没有出现表格中的体态，就在对应空格处画一个“☆”。“☆”越多，表明你的体态越好。

身体姿态自测表

驼背	
塌腰	
探颈	
高低肩	
……	

现在请同学们两人一组，站起来互相检查同伴的体态，并提出自己的纠正方法。

现在我们一起交流一下体态方面的问题和纠正方法。交流时，请同学们这样说："我是________，我发现了自己很多方面的美，但我有____________问题，我的纠正方法是______________________。我爱我自己，我会更美的！"

同伴评价：____。

【说明】要让学生理解，大多数人都会有一些体态问题，这很正常，只要多加注意、积极调整就好，比如跑步、瑜伽、跳舞等运动就可以调整体态。最后教师鼓励学生："同学们，我们正处在身体发育的关键时期，现在我们的身体姿态都比较好，一定要注意保护好，不让不良姿态破坏我们的美，把美留住。"

3 活动小结

发现自己姿态美存在的问题，及时纠正，让自己变得更美。

我学到了（1分钟）

(1) 每个人的美都是独特的，外在美是需要探索的，探索自己的外在美会让我们更加自信。

(2) 外在美包括外貌美和姿态美两个方面，外在美要从发现自己的外貌美开始。

(3) 发现自己姿态美存在的问题，及时纠正，让自己变得更美。

我的练功房（1分钟）

六级功夫第五招：我的美丽清单。

1 练功目的

发现自己的美，纠正美中不足，体会“我很美”。

2 练功要领

（1）找一找能展现自己美的照片，从外貌和姿态两个维度发现自己的美，与同学分享，敢于表达自己的美。

（2）发现自己的美中不足，找到纠正的方法并及时纠正，让自己变得更美。

我的美丽清单

	文字描述	心里的赞叹
我很美		我是________，我的________（优点）。我爱我自己，我以后________________（如何发扬优点，让自己变得更美。）
美中不足		我是______，我发现了自己很多方面的美，但我有______________问题，我的纠正方法是________________。我爱我自己，我会更美的！

注：可在后面附上展现自己美的照片。

第六课时　我心绽放

课时目标

1. 认识到一个人的美包括外在美、才华美和内心美。
2. 理解外在美和才华美更显眼，可以用眼睛看到，而内心美是内在的、朴素的，要用心体会。
3. 体会和理解内心美包括真实的美、善良的美、奋斗的美等。
4. 理解内心美的成长是看得见的。

活动安排

活动名称	目标	准备	难点
活动一　月月美吗？	目标 1 目标 2	无	无
活动二　壮壮的自述	目标 3 目标 4	无	理解内心美的成长是看得见的
活动三　来到我的生活里：我心绽放	目标 3 目标 4	花型卡片	无

日常修炼

六级功夫第六招：我心绽放。

理论依据

人的美包括外在美、才华美和内心美等。外在美是最直观的，用眼睛就能看见。才华美虽然在展示时可以被观察到，但实际上离不开背后的努力，所以介于外在美和内心美之间。由于现在社会上人们对成绩和特长的关注，才华美很容易引起人们的重视。内心美则需要孩子们用心去体会和感受。

关于内心美，小学高年级学生有很多生活体验，也听过很多相关故事。我们希望学生能在关注外在美的同时关注内心美。内心美的内涵非常丰富，我们该引导学生重点关注哪些方面呢?

首先，要关注社会交往过程中基本的道德准则。“爱国、敬业、诚信、友善”是社会主义核心价值观中的公民基本道德规范。对于小学生来讲，在人际交往中最基本的就是“诚信”。《孟子・尽心上》中也提出：“万物皆备于我矣。反身而诚，乐莫大焉。强恕而行，求仁莫近焉。”这说的也是诚。“诚”就是反求诸己，推己及人。“诚”首先是感受真实的自己，做一个真实的人，然后是将心比心，“己所不欲，勿施于人”。也就是说，对己“内诚于心”，对人则“将心比心”。在中国传统文化中，“诚”是仁义和爱国等其他社会道德的基础。

其次，要关注人的自我成长。在这方面，学生可能更关注特长、才华，即能力的美，这很正常，但要引导学生关注才华与善良的关系，让他们认识到不能恃才傲物，看不起别人，更不能只重才华不重人品。要引导学生理解内心美对于自我成长的意义。

开课了（5分钟）

我还记得

各位同学，大家好！你还记得上节课学习的主题是什么吗？我们都学到了什么？让我们一起来回忆一下吧。

主题：我美吗？

（1）每个人的美都是独特的，外在美是需要探索的，探索自己的外在美会让我们更加自信。

（2）外在美包括外貌美和姿态美两个方面，外在美要从发现自己的外貌美开始。

（3）发现自己姿态美存在的问题，及时纠正，让自己变得更美。

练功分享

六级功夫第五招“我的美丽清单”你练得怎么样？说一说你的练功故事吧！

【说明】引导学生学会根据练功目的和练功要领评价自己的练功情况。

导入新话题

同学们，在生活中我们会接触许多人。在人与人交往时，第一印象常常是长得好不好看，但随着交往的深入，人们慢慢就会忽视对方的长相。在与他人长时间相处的过程中，你会更关注哪些方面呢？

【说明】教师根据学生的回答，进行提炼并及时给予肯定。

这些你看重的积极的品质就像一朵朵盛开的花，这是人们内心世界美的绽放，是你对美的一种更高的追求。这节课我们就来探索内心世界，绽放你内心的美。

活动一　月月美吗？（10分钟）

1 情景故事

月 月 美 吗？

语文课上，李老师让同学们写一段主题为“我发现了自己的美”的小片段。听到任务后，同学们立刻开始写起来，只有月月迟迟没有下笔，对着空白的作文纸发呆。

不一会儿，班里很多同学都写完了，李老师选了几位同学分享。小早念道：“我发现了我演奏小提琴的美。我从小就学习小提琴，并且一直努力练习。这个寒假，我参加了区里的艺术节比赛，获得了小提琴组的金奖。”阳阳念道：“我的发型很酷，经常被别人夸‘小帅哥’，嘻嘻！”浩浩念道：“我发现了我的绘画之美。我的爸爸妈妈都是画家，我从小就跟他们学习画画，前段时间，我的绘画作品被杂志选用了。”……

听到同学们都如此优秀，月月看着自己的作文纸，也开始写起来："在寒假里，奶奶生病了，但爸爸妈妈工作特别忙，不能全心全意照顾她，于是，我就每天给奶奶做饭、喂饭，照顾奶奶。奶奶总是心疼我，怕我累着，可我看到奶奶一天天好起来，就一点儿都不觉得累了。来家里看望奶奶的亲朋好友都夸我懂事。"就在这时，李老师请月月发言。月月慌忙捂住自己的作文纸，红着脸小声说："李老师，我还没写完呢……"

李老师课后批改时，发现了月月写的事情。想到当时月月不自信的样子，李老师在作文纸上留下了评语："通过你写的片段，老师感受到了你独有的内心美。独自照顾生病的奶奶一定很辛苦吧，但是你能坚持下来，还做得这么好，老师为你骄傲。你的美不同于课上大家说的显现于外的外貌和才华方面的美，而是需要用心体会才能感受到，希望你以后大胆地与大家分享，展示自己的美。"

2 讨论

（1）在写"我发现了自己的美"的过程中，同学们产生了哪些情绪？为什么会有这些情绪？

【说明】在之前练功的基础上，继续提升学生的情绪觉察力。阳阳、浩浩、小早都产生了快乐、自豪的情绪，因为他们完成了李老师布置的任务，更深入地发现了自己的美。月月的情绪既有自豪也有不自信：回忆起给奶奶做饭、照顾奶奶的事情时，月月心里觉得很幸福也很自豪，但和同学们比起来，她又有些不自信，因为她不能确定自己做的事情是不是也能体现自己的美，自己是不是和同学们一样美。

（2）同学们的美可以分为几个方面？为什么月月对自己的美不那么确定？

【说明】让学生充分表达，教师总结：阳阳的美是外在美，小早和浩浩的美是才华美，月月的美是内心美。请学生猜测月月的想法：月月之所以对自己的美不那么确定，可能是因为她觉得自己的美和同学们的美不一样，或是觉得同学们的美都很耀眼，自己的美很普通。

（3）为什么老师说月月的内心美需要用心体会呢？

【说明】外在美和才华美是外显的，容易引起人们注意，而内心美是内在的，更朴素，蕴含在日常生活里平凡琐碎的事情中，比如月月的内心美有坚持照顾奶奶、帮爸爸妈妈分忧、不怕累等，这些都是需要用心体会的。另外，学生在学习和成长中常常会关心自己的才能，教师要让学生联系生活实际来体会内心美。

（4）月月为什么会那么认真地照顾奶奶呢？照顾好了奶奶，月月有什么情绪？

【说明】回到故事里，让学生用心感受月月的想法，比如：平时疼爱自己的奶奶生病了，她很心疼奶奶；想到爸爸妈妈工作忙没时间照顾奶奶，他们心里也很着急，自己帮忙也是替爸爸妈妈分忧。

教师还要追问“照顾好了奶奶，月月有什么情绪”，有的同学可能会回答月月替爸爸妈妈分忧后很骄傲，或者得到亲朋的夸奖和老师的认可很开心等。教师要肯定这些平常由父母做的事情自己做到了是值得骄傲的，同时还要引导学生体会月月看到奶奶康复后的幸福情绪——奶奶身体好了，全家人又可以安心、快乐地生活了。回忆在照顾奶奶的过程中，虽然辛苦，但感觉内心是温暖的，看到奶奶康复，觉得所有付出都是值得的，内心更加温暖了。幸福是快乐，是温暖。如果学生不能区分，教师可以继续问学生：月月是为了得到别人的称赞，还是为了奶奶能康复才去照顾奶奶的？继而体现内心美是更朴素的。

3 活动小结

（1）一个人的美包括外在美、才华美和内心美。

（2）外在美和才华美容易被看到，而内心美更朴素，要用心体会。

（3）内心美会带来快乐和温暖，让我们感到幸福。

活动二　壮壮的自述（13分钟）

1 情景故事

壮壮的自述

我们班最近在评选优秀生，老师说这个评选对学生的评价最全面。今天的班会课上，老师公布了这学期班内推荐的候选人名单，居然有我！这实在是太令人惊讶了！老师让我回家写一个自我介绍，来参加最后的竞选。

我回到家，坐在桌前想了半天，也不知该如何下笔。“大家好，我是五年级的壮壮，我……”唉，实在是写不出来。我到底有什么优点能介绍给大家？

第二天，我主动来到老师办公室说明情况：“老师，参加竞选的自我介绍我还没写完，可能我和优秀生还是有些差距，而且我的数学成绩也不稳定，我就不参加竞选了吧。”老师微笑着鼓励我：“大家能够推荐你做候选人，你一定有自己的可贵之处。现在没写完不要紧，老师给你一点建议：你仔细回想一下生活中的事，不要着急，静下心来，用心去感受，肯定会有发现的。”

回到班里，小雨看到我情绪低落的样子，关切地问：“壮壮，你怎么看起来有些不开心？竞选用的自我介绍准备得怎么样了？”我顺口说道：“一点儿都没写出来。我数学成绩不稳定，最近又听不懂了。老师说不懂的时候可以回去看书，也可以查资料，各种方法我都尝试了，可还是不行。”小雨说：“数学学习又遇到困难了？需要帮忙吗？”我说：“我怕耽误你时间。要是让你课间来给我讲题，也不能玩，我心里过意不去。”小雨听完，告诉我：“你看，虽然你的数学没那么好，但是大家都能看到你的努力，在我想帮助你的时候，你又会为我着想，怕耽误我的时间，怕影响我课间休息。我觉得你很优秀啊。你不用总想着数学成绩，你的作文成绩还是咱们班数一数二的呢！”我回答道：“你可能不知道，为了写好作文，我在课后付出了很多努力。每篇作文我都改了好多遍，时不时地还要请教爸爸妈妈，问问他们有什么修改意见……”

回到座位上，我打开书包，看到了之前老师奖励我的“光盘行动”小红花。想到昨天自己着急去帮助小天打扫卫生，没有把饭菜吃干净，我就主动找到老师，把奖励我的小红花还了回去。无意间，我翻开自己的语文作业本，一篇篇干净整洁的作业后面都是老师批的“优”……

回想起老师的话，我拿起笔，开始写自我介绍。

2 讨论

（1）在写自我介绍前后，壮壮的情绪有什么变化？为什么会产生这种变化？

【说明】壮壮刚开始知道自己是候选人时的情绪是惊讶、激动、兴奋；在回家写自我介绍时，他变得情绪低落、不自信；经过老师和同学的启发，他再次写自我介绍时，情绪变成了高兴、自豪。教师要让学生充分感受壮壮的各种情绪，提高情绪觉察力。壮壮情绪产生变化，是因为在这个过程中他用心感受，找到了属于自己的内心美。

（2）壮壮是怎样感受到自己内心美的呢？

【说明】老师鼓励壮壮仔细观察生活，引导他用心感受生活中的点点滴滴；小雨的话表达出她对壮壮内心美的肯定，启发了壮壮的自我思考；回到座位后，壮壮看到自己的物品，运用美好回忆法感受到了自己的内心美。

（3）下面画出了壮壮内心绽放的花，请你在花蕊处写上壮壮的目标，在花瓣上写上哪些方面的内心美能支持他达到这个目标。然后，请你根据壮壮绽放的花朵总结一下内心美包括哪些方面。

【**说明**】该活动的目的是让学生从各个角度感受壮壮的内心美，明白有了这些内心美的支持，才能让壮壮实现评上优秀生这一目标。教师要引导学生概括出内心美的多个方面。壮壮没写出自我介绍和没完成光盘行动就如实告诉老师，是真实之美；此外，很多同学会在意别人评价自己时是否提到聪明，但是壮壮在听到别人夸自己作文好时，自然表达的是背后付出的努力，这也是真实的美。壮壮不愿意给别人添麻烦时的将心比心、看到别人需要马上就去帮忙的助人为乐，是善良的美。他倔强地坚持自己解决数学问题，即便是数学成绩不好还依旧坚持努力学习，写作文时进行多轮修改，是奋斗的美。因此，壮壮的内心美包括真实的美、善良的美、奋斗的美等。

（4）怎么看见内心美的成长？怎么理解内心美的意义？

【**说明**】让学生充分讨论。

内心美	内心美的成长是看得见的	内心美的意义
真实的美	内心真实的人，自己心里会踏实，有平和的心态，能比较客观地看待事情、处理好问题	真实的人舒服自在，也让人觉得可靠
善良的美	将心比心的善良的人能够观察别人的需要，能够换位思考，能够做到己所不欲勿施于人，还能做到“你需要＋我需要”“你反应＋我反应”	能够将心比心的人会心疼人，能用自己的“小太阳”温暖别人，这样才能得到友谊和幸福
奋斗的美	努力奋斗的人能克服困难、专注细致、坚持不懈	不怕吃苦、努力奋斗才能把事情办好，才会形成能力和才华，才能够爱自己和他人，才能服务社会

3 活动小结

（1）内心美包括真实的美、善良的美、奋斗的美等。

（2）内心美的成长是看得见的。

（3）让我们不断体会、丰富和欣赏内心美吧！

活动三　来到我的生活里：我心绽放（10 分钟）

内心美不像外在美和才华美那么耀眼，需要用心去发现。发现和欣赏自己的内心美本身就是内心真实的体现。现在，让我们一起来发现自己的内心美吧！

请你按要求完成下图：（1）在花蕊处写上你的名字；（2）想象体现内心美的美好事件；（3）在花瓣上写出你的内心美。

【说明】这个活动利用花朵的设计，让学生探索自己的内心美，体验自己内心绽放时的美丽，从而提升自我认同感，能够更积极地面对自己。所以，花蕊中要让学生写自己的名字。

请你试着和周围同学分享自己绽放出的内心美吧！

【**说明**】学生完成上图后，要鼓励他们勇敢地向他人展示自己的内心美。教师可以追问学生内心绽放后的感受，让学生体会当自己绽放出内心美并得到他人认可后，自己内心获得的力量感，以及向他人展示自己时的自豪和快乐。

我学到了（1 分钟）

（1）一个人的美包括外在美、才华美和内心美。

（2）外在美和才华美容易被看到，而内心美更朴素，要用心体会。

（3）内心美会带来快乐和温暖，让我们感到幸福。

（4）内心美包括真实的美、善良的美、奋斗的美等。

（5）内心美的成长是看得见的。

（6）让我们不断体会、丰富和欣赏自己的内心美吧！

我的练功房（1 分钟）

六级功夫第六招：我心绽放。

1 练功目的

在具体做事的过程中，既关注目标的实现，也关注自己的内心美。

2 练功要领

（1）写出自己心中的目标。

（2）写出自己哪些方面的内心美能支持自己实现目标。

（3）写出体会到自己内心美时的情绪和想法。

我心绽放

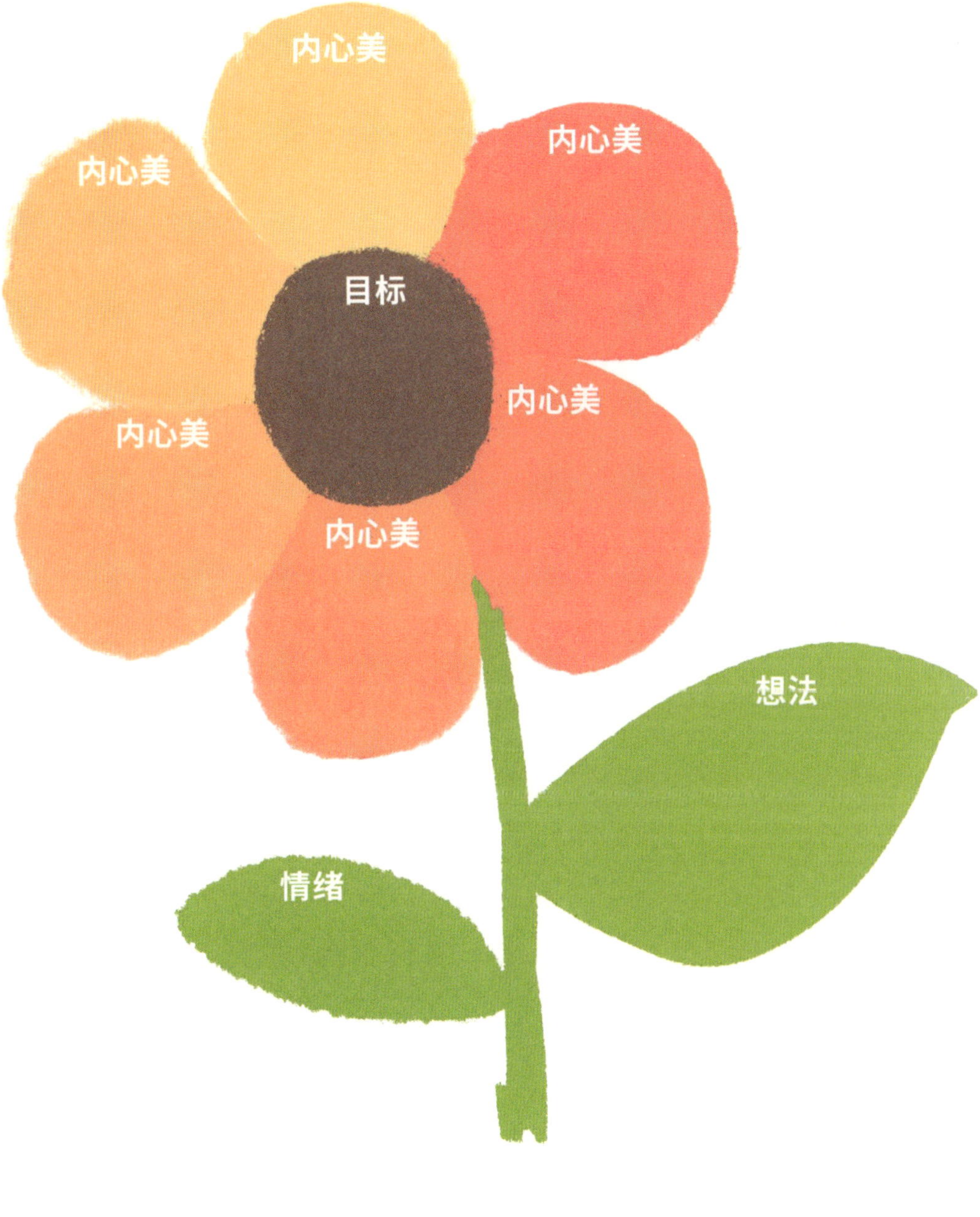

【说明】这里的花朵设计和前两个环节不同：在活动二中，花朵设计是为了让学生用心体会他人的内心美；在活动三中，花朵设计是为了让学生从整体来体会自己的内心美；而在这个环节，花朵设计更加具象化，具体到一件事、一个目标，让学生理解自己哪些方面的内心美可以帮助自己完成这件事，实现这个目标。教师可按照以下顺序指导学生完成练功：（1）找到自己想要达成或者已经达成的目标，写在花蕊处；（2）找到自己哪些方面的内心美可以帮助自己达成目标，写在花瓣处；（3）体会自己发现这些内心美时情绪是什么，将情绪词语写在左边的叶子上；（4）体会自己对于这个目标和自己的内心美有什么想法，写在右边的叶子上。

第四单元

美丽升级

单元目标

1. 理解世界上没有十全十美的人，每个人都有缺点，所以要接纳自己的缺点。
2. 体会内心有梦想，有勇气，有对自己和他人的信任，有对真实自我的接纳，才能直面自己的缺点。
3. 能根据自己的情况采用“愉快接纳法”或“客观接纳法”直面缺点。
4. 体会每个人的美丽行动计划都不同：不自信的人需要运用“愉快接纳法”；过于自信的人需要运用“客观接纳法”。
5. 理解并应用美丽行动计划的“蜜诀”。
6. 感受美丽行动的美和自我美丽升级的影响。

单元内容结构

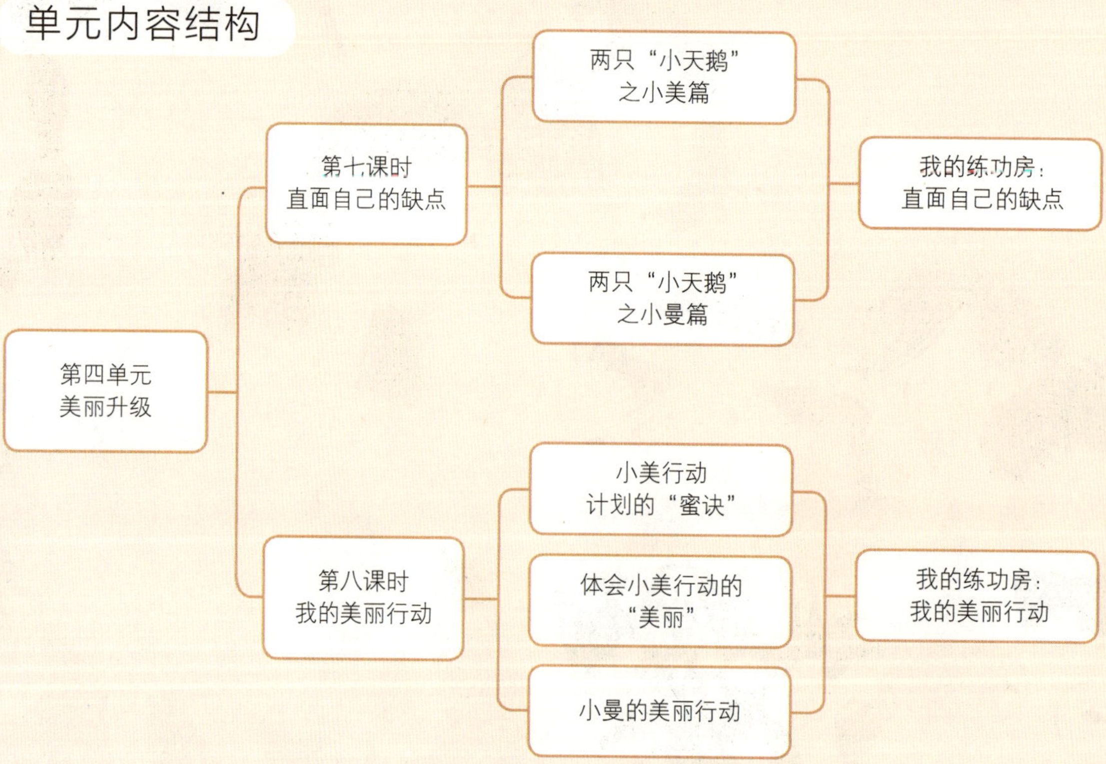

第七课时　直面自己的缺点

课时目标

1. 理解世界上没有十全十美的人，每个人都有缺点，所以要接纳自己的缺点。
2. 体会内心有梦想，有勇气，有对自己和他人的信任，有对真实自我的接纳，才能直面自己的缺点。
3. 能根据自己的情况采用“愉快接纳法”或“客观接纳法”直面缺点。

活动安排

活动名称	目标	准备	难点
活动一　两只“小天鹅”之小美篇	目标 1 目标 2 目标 3	演练故事	总结不自信的人直面缺点的过程和方法
活动二　两只“小天鹅”之小曼篇	目标 1 目标 2 目标 3		总结过于自信的人直面缺点的过程和方法

日常修炼

六级功夫第七招：直面自己的缺点。

理论依据

每个人都是不完美的，都有自己的缺点。我们每个人都有不同的需要和反应模式，需要不同，反应模式不同，面对缺点的态度和方式也不一样。有的人会因为自己的缺点而感到困惑、沮丧甚至自卑，有的人则因为过于自信而忽视甚至完全认识不到自己的缺点。这都是由于我们不能站在客观角度直面自己的缺点而造成的。为缺点而自卑的人需要多给自己正面的评价，盘点自己的优点，接纳自我，包括接纳自己的缺点；过于自信的人则要充分认识自己的缺点，认识缺点会给自己带来什么样的后果，从后果的角度客观面对自己的缺点。这是两种不同的直面自己缺点的态度和方法，我们称前者为“愉快接纳法”，称后者为“客观接纳法”。

用静止的眼光看待自己的缺点，容易陷入自己的缺点中，无法真正发自内心地面对自己的缺点。教师可以鼓励学生从自我期待的视角看待自己的缺点。用自己内心的梦想和自我期待来推动自己，这也是自我完善和直面自己缺点的根本动力。

一个人过于自卑或者过于自信，都是因为对自己缺乏全面的认识和了解。过于自信的人只看到了自己的优点，忽视了缺点的存在；而过于自卑的人只看到了自己的缺点，忽视了自己的优点。这两类人对自我的认识中都存在以偏概全的非理性信念。每个人在面对缺点时都需要鼓足勇气，全面认识和看待自己，接纳真实的自我，允许自己不完美，允许自己在成长过程中有缺点，信任他人对自己的客观评价与包容，这样更能够促进自己进步。

开课了（5分钟）

我还记得

各位同学，大家好！让我们一起回顾一下上节课学习的内容。

主题：我心绽放

（1）一个人的美包括外在美、才华美和内心美。

（2）外在美和才华美容易被看到，而内心美更朴素，要用心体会。

（3）内心美会带来快乐和温暖，让我们感到幸福。

（4）内心美包括真实的美、善良的美、奋斗的美等。

（5）内心美的成长是看得见的。

（6）让我们不断体会、丰富和欣赏自己的内心美吧！

练功分享

六级功夫第六招“我心绽放”你练得怎么样？和大家分享一下你的练功故事吧！

【说明】内心美需要用心体会，要区分才华美和内心美，内心美是一种品质的美。

导入新话题

同学们，老师问你们一个问题：世界上有完美的人吗？答案显然是“没有”。每个人都有自己的特点，有些特点人们乐于接受，有些特点人们不愿接受。比如，高挑的身材、优异的成绩、开朗的性格、乐观的心态，这些都是人们乐于接受的；而那些不足的方面，很多时候人们不太愿意接受。为什么有的人对自己的缺点视而不见？为什么有的人知道自己的缺点是什么，可是又不愿意面对？为什么我们要直面自己的缺点？怎样才能做到直面自己的缺点？ 今天这节课，就让我们一起“直面自己的缺点”。

活动一　两只“小天鹅”之小美篇（16分钟）

1 情景故事

两只“小天鹅”之小美篇

旁白：小曼和小美都有一个美好的愿望——拥有良好的身材，跳出优美的舞蹈。她们参加了同一个舞蹈班。刚开始学习跳舞时，个子不高的小美看到小曼跳起舞来总是那么好看，还常常给大家做示范，十分羡慕，反观自己，心情有些低落。

小美（心想）：小曼跳得那么好看，跟她比起来，我的先天条件是不是不太适合跳舞呢？如果跳得不好看，会不会被别人笑话呢？

旁白：在这种情绪的影响下，小美跳舞时就有些缩手缩脚，放不开。但她并没有放弃，总是默默地仔细观察，认真揣摩老师的每个动作。看到她努力的样子，老师走过去，拍了拍她的肩膀。

老师：小美，感觉你有点放不开，怎么了？

小美：老师，我觉得自己胳膊、腿都不够长，跳起来肯定不好看，我怕大家笑话我。

老师：小美，你为什么来学习跳舞？是为了得到别人的夸奖吗？

小美：不是！老师，我来学跳舞是因为我觉得跳舞很美好，希望自己能变成一只美丽的“小天鹅”。我还想通过跳舞让自己的胳膊和腿变长呢。

老师：对呀，你有美好的愿望，这点很重要啊。老师观察你一段时间了，你很认真，乐感也不错，这些对学好舞蹈来说都是很重要的，知道了吗？

小美：谢谢老师！我现在知道了。我有美好的愿望，有认真努力的态度和乐感好的优势，这些都有助于我学好跳舞。

老师：要跳好舞，除了这些，你觉得还需要什么？

旁白：小美摇摇头，疑惑地看着老师。老师叫来小早和小雨。

老师：小美觉得自己跳舞的先天条件不好，怕大家笑话。你们怎么看？

小早：小美，你想多了。大家都是来学习跳舞的，都是从不会到会，从跳得不好看到跳得好看。我们怎么会笑话你呢？

小雨：是啊，我们刚开始学习的时候都是“丑小鸭”，我刚学的时候还不如你呢。但是我相信，只要努力，发挥自己的长处，一定能跳好。放心吧，没人笑话你的。

小美：对不起，我想错了，我以为……。谢谢老师！谢谢大家！从现在开始，我要勇敢地接受现实。虽然我先天条件不理想，但就像小雨说的那样，我可以发挥长处，多加练习，大胆地跳，让自己更自信一些。

旁白：小美是这样说的，也是这样做的。训练时，她仔细观察老师的动作；训练结束后，她主动留下来跟老师交流，结合老师的评价肯定自己的进步和优点，鼓励自己。遇到实在不懂的地方，她就请教同学和老师，愉快地接受他们的建议。回家后，她跟着视频反复练习，还主动跳给家人看，请他们给自己提建议。一段时间后，小美真的有了明显的进步。

老师（欣喜地）：同学们，经过不断努力，小美的动作越来越标准，舞姿也越来越优美。现在我们请她来给大家做示范。

旁白：小美走到教室中间，自信地跳了起来。

2 讨论

（1）在学习跳舞的过程中，小美的情绪发生了怎样的变化？为什么会有这样的变化？

【说明】最初，小美看到小曼跳起舞来那么好看，觉得自己的胳膊和腿不够长，开始怀疑自己，产生了自卑的情绪；听到老师肯定自己的梦想和优点，听到同学们都有从不会到会的学习经历，小美得到了鼓励，情绪变得舒畅、愉快；最后，小美主动练习，反复请教同学和老师，不断进步，越来越自信。从自卑到舒畅、愉快再到自信的情绪变化是小美在学习舞蹈过程中全面地认识自己、发展地认识自己而发生的。

（2）既然每个人都是不完美的，小美还需要面对和改正自己的缺点吗？

【说明】让学生充分讨论。教师主要引导学生从梦想出发思考：小美期待自己能跳出美妙的舞蹈，要想实现梦想，她就要面对和改正自己的缺点。

（3）小美的缺点是什么？她是怎样改正的呢？

【说明】对于小美的缺点，学生可能有不同看法：有人认为她的缺点是胳膊和腿都不长，不适合跳舞；有人认为她的缺点是“缩手缩脚”；还有人认为她的缺点是觉得自己跳舞没有小曼跳得好看，担心大家会看不起她，不自信。这时，教师可以从不同层面来引导学生深入讨论：胳膊和腿是否够长是身材问题，属于外在的问题；“缩手缩脚”和“不自信”是内在的问题；觉得自己不适合跳舞是个人的偏见。通过分析，引导学生进一步理解：小美是因为不自信而夸大了“胳膊和腿不够长”的缺点，得出“自己不适合跳舞”这个以偏概全的结论。因此，从根本上小美要改的是自己的不自信。老师可以带领学生梳理故事中小美愉快地直面自己的缺点以及改正缺点的过程。

愉快接纳法（小美）

不忘梦想 → 发现缺点 → 盘点优点 → 信任他人 → 接纳建议 → 努力练习 → 美丽绽放

不自信 ——————→ 自信

（4）同学们，你们认为“愉快接纳法”中的“愉快”体现在哪里？

【说明】 教师引导学生回到故事中体会“愉快”有两层意思：第一层意思是不忘梦想，在梦想的推动下努力改进的过程中体验到的幸福感；第二层意思是盘点优点，唤醒自信。

3 活动小结

面对缺点不够自信时可以采用“愉快接纳法”：不忘梦想，在发现自己缺点的同时盘点自己的优点，信任他人对自己的鼓励和包容，接纳他人的建议，努力练习，最终实现美丽绽放！

活动二　两只“小天鹅”之小曼篇（16分钟）

1 情景故事

两只“小天鹅”之小曼篇

旁白：看着小美像一只自信的小天鹅翩翩起舞，小曼有点儿沉不住气了。

小曼（心想）：刚开始学习舞蹈的时候，老师就夸我先天条件好，乐感十足，跳起舞来就像一只小天鹅。一直以来，给大家做示范动作的都是我呀。哼！

旁白：从那天开始，小曼一心只想怎么让自己跳得更美，吸引大家的关注，没想到集体合练后，却被老师批评了。

老师：小曼，你怎么只顾自己跳，不跟拍子呢？都影响集体舞的效果了。

旁白：小曼有些不服气。

小曼：老师，您是不是看错了，我怎么会只顾自己跳？集体舞效果不好，怎么是我的错呢？

老师：小曼，你别急，我们一起来看看刚才录的视频，可以吗？

旁白：于是，小曼和老师一起观看了视频。她发现自己的动作确实比音乐快了一点儿，导致自己和大家的动作不一致，影响整体效果了。

小曼：老师，我平时拍子很准的，怎么会出现这种情况呢？

老师：小曼，你是不是很想把每一段舞都跳得特别美？以前“很想”，现在也“很想”，这前后两个“很想”里有什么不同吗？

小曼：老师，我是看到小美给大家做示范，心里有些不舒服，就急于表现自己，没想到影响了整体的表演效果。

老师：小曼真是个有勇气的孩子，敢于面对自己的缺点，承认自己的问题。

小曼：谢谢老师！您放心吧，我会调整自己的情绪，注意和大家配合的。我还要向小美学习，让自己也跳得越来越好。

2 讨论

（1）在学习舞蹈的过程中，小曼出现了什么问题？为什么会出现这样的问题？

【说明】小曼看到小美给大家做示范，心里不服气，急于表现，忽视了和音乐的配合，导致她的舞蹈不合拍，集体表演效果不好。出现这样的问题，原因是小曼急于表现自己。

（2）为什么小曼一开始不愿意接受老师的批评，直面自己的缺点？

【说明】引导学生站在小曼的角度去体会。小曼在舞蹈班可以说是同学们心目中的佼佼者，老师眼中的好苗子。她总是给大家做示范动作，心中对自己形成了很高的评价，容易产生过高的自信。过于自信的人比较主观，在自己出错的时候经常会意识不到，当别人指出他们的问题时他们也常常不以为然，觉得“我怎么可能出错”。除此之外，过于自信的人在群体中缺乏勇气直面自己的缺点，不能接受别人比自己优秀。

（3）小曼是怎样直面自己的缺点的？

【说明】请学生讨论小曼直面自己缺点的过程与小美直面自己缺点的过程相比，有什么相同之处和不同之处，得出小曼直面缺点的过程是：不忘梦想—回到事实—看清缺点—欣赏他人（小美）—信任他人—接纳建议—美丽绽放。

小曼过于自信，觉得自己已经跳得很好了，没有看到因为自己的问题给集体活动带来了不好的结果，正如“不识庐山真面目，只缘身在此山中”所阐述的道理——当局者迷，旁观者清。所以，小曼在直面自己的缺点时，首先需要看到自己出错的客观事实和自己出错带来的后果，同时，她还需要客观地承认他人的进步（小美的出色表现），承认每个人都可以在成长中取得更大的进步，变得更加自信。另外，小曼还需要在认真辨别的基础上，相信那些站在客观的角度给自己提出意见的人，这些人虽然看到了她的问题，但并没有否定她的优点。只有这样，小曼才能看清自己，并接纳他人的意见。

过于自信的人比较主观，一旦出现问题，他们往往不能看清自己的缺点，也容易忽略对他人的欣赏，更看不到由于自己的问题给团队带来的不良影响。所以，这样的人在面对自己的缺点时，需要学会面对客观事实以及自己的行为带来的客观后果。我们称这种直面自己缺点的方法为“客观接纳法”。

客观接纳法（小曼）

（4）同学们，你们认为“客观接纳法”中的“客观”体现在哪里？

【说明】教师引导学生回到故事中结合小曼的表现，总结“客观”有两层意思：第一层意思是回到事实，看到自己的不足；第二层意思是回到事实，看到他人的优点。比如，故事中的小曼既要看到自己因为过于自信产生的问题，又要看到小美努力练习取得的进步。

3 活动小结

面对缺点过于自信时，要能回到事实，看清自己的缺点，学会欣赏他人，在认真辨别的基础上相信那些站在客观的角度给自己提出意见的人，全面客观地接纳他人的建议，不忘梦想，采取行动，努力绽放。

我学到了（1分钟）

（1）面对缺点不够自信时可以采用“愉快接纳法”：不忘梦想—发现缺点—盘点优点—信任他人—接纳建议—努力练习—美丽绽放。

（2）面对缺点过于自信时可以采用“客观接纳法”：不忘梦想—回到事实—看清缺点—欣赏他人—信任他人—接纳建议—美丽绽放。

我的练功房（2分钟）

六级功夫第七招：直面自己的缺点。

1 练功目的

体会和理解为了心中的美好要勇敢地面对自己的缺点，在实际生活中积极采用“愉快接纳法”或“客观接纳法”直面缺点，帮助自己实现梦想。

2 练功要领

（1）体会不忘梦想的重要意义。

（2）接纳真实的自我，勇敢面对缺点，相信自己和他人。

（3）采用“愉快接纳法”或“客观接纳法”直面自己的缺点。

直面自己的缺点

事件	缺点的具体体现	直面缺点的类型	直面缺点的方法	美丽绽放的行动
		不自信 （　　） 过于自信 （　　）	愉快接纳法 （　　） 客观接纳法 （　　）	1. 不忘梦想________ 2. ________ 3. ________ 4. ________ 5. ________ 6. ________ 7. 美丽绽放

注：在相应的括号内画“√”或在空白处填写相关内容。

第八课时　我的美丽行动

课时目标

1. 体会每个人的美丽行动计划都不同：不自信的人需要运用“愉快接纳法”，过于自信的人需要运用“客观接纳法”。
2. 理解并应用美丽行动计划的“蜜诀”。
3. 感受美丽行动的美和自我美丽升级的影响。

活动安排

活动名称	目标	准备	难点
活动一　小美行动计划的“蜜诀”	目标 2	无	总结美丽行动计划的“蜜诀”
活动二　体会小美行动的“美丽”	目标 3	无	体会美丽行动中的“美”
活动三　小曼的美丽行动	目标 1 目标 2 目标 3	无	利用美丽行动计划的“蜜诀”为小曼制订美丽行动计划

日常修炼

六级功夫第八招：我的美丽行动。

理论依据

教育要让学生懂得自我完善，包括理解自我完善的意义和学会自我完善的方法。

自我完善的意义包含两个方面：自我潜能的充分发展和自我与他人关系的和谐发展。前者是对于自身而言的，后者是对于自我与社会的关系而言的，在自我完善中，二者都是需要的，并彼此相关。自我完善既能让我们感受到自己的美丽，也能让这个世界变得更美。自我完善的意义即价值追求决定了自我完善的方向。自我完善的具体方法因人而异，但是其方法论是共同的，都是以人为本的，尊重自我的。自我完善是以相信自己为前提的。在自我完善的过程中，学生始终积极地遵从自己的内心需要，而不是被迫的。自我完善的具体方法是靠自己探索和发现的，是适合自己、给自己时间和空间的，是可以不断调整、不断完善的。学生要理解自我完善是一个逐渐趋于完善的过程，我们不可能达到绝对的完美。

开课了（4分钟）

我还记得

各位同学，大家好！你还记得上节课学习的主题是什么吗？我们都学到了什么？

主题：直面自己的缺点

（1）面对缺点不够自信时可以采用“愉快接纳法”：不忘梦想—发现缺点—盘点优点—信任他人—接纳建议—努力练习—美丽绽放。

（2）面对缺点过于自信时可以采用“客观接纳法”：不忘梦想—回到事实—看清缺点—欣赏他人—信任他人—接纳建议—美丽绽放。

练功分享

六级功夫第七招“直面自己的缺点”你练得怎么样？和大家分享一下你的练功故事吧！

【说明】引导学生学会根据练功目的和练功要领评价自己的练功情况。

导入新话题

同学们，通过上节课的学习，我们知道为了心中的梦想，要直面自己的缺点。那接下来需要采取什么行动呢？这节课就让我们一起来探讨吧！

活动一　小美行动计划的“蜜诀”（14分钟）

1 回忆故事

同学们，你们还记得上节课讲的小美学习舞蹈的故事吗？我们来梳理一下小美为了改正自己的缺点都采取了哪些行动。

【说明】教师可以引导学生逐步回忆小美的缺点是什么，小美为了改正缺点采取了哪些行动。讨论的时候可以出示下面的表格。

小美的行动计划

缺点	直面缺点的方法	行动计划
不自信	愉快接纳法	（1）上课仔细观察老师的动作； （2）课后跟老师交流自己跳舞的情况，肯定自己的优点和进步，多鼓励自己； （3）遇到不懂的地方就请教同学和老师，愉快接受建议； （4）回家跟着视频反复练习，跳给家人看，询问意见

2 讨论

（1）是什么力量在推动小美制订行动计划？

【说明】学生可能会说是小美想跳好舞，变成一只美丽的“小天鹅”的梦想。教师要继续追问，引导学生体会“相信自己”即相信自己通过努力会取得进步的信念也在推动着小美。

（2）小美的行动计划好在哪儿？

【说明】让学生充分讨论。大致可以总结为以下几个方面：（1）有明确的学习目标，知道观察老师哪些动作要点、看视频的哪些内容；（2）回家跟着视频练习可以让自己练习时更放得开；（3）反复看视频，一段一段地练习，循序渐进，能够看到自己的进步；（4）在学习舞蹈的过程中肯定自己的优点，鼓励自己；（5）自信大方地请教老师和同学，愉快接受建议。

（3）看到小美行动计划中好的地方，你会产生什么情绪？

【说明】 小美行动计划中这些好的地方给人的感觉是舒服、开心、受鼓舞，让人心里感到很甜蜜。我们就把它称为小美行动计划的“蜜诀”吧。

（4）小美行动计划的“蜜诀”有哪些要点？

【说明】 小美行动计划的“蜜诀”不仅体现在具体计划中，而且体现在推动她制订行动计划的信念中。先让学生自主讨论，然后全班分享。小美行动计划的“蜜诀”大致可以总结为以下几点：（1）相信自己；（2）明确目标；（3）找到有趣又有效的改进、提升的方法；（4）循序渐进，每天进步一点点；（5）用心感受并欣赏自己的进步，多夸夸自己。总的来说，小美行动计划的“蜜诀”可以概括为“相信自己，明确目标，有趣有效，循序渐进，鼓励自己，享受进步”。

当学生回答不出第（3）点中的“有趣”的改进方法时，教师可以引导学生围绕第（3）点，分享自己在学习舞蹈或其他体育、艺术、科技项目中有趣的改进方式，唤起学生有趣的感受，犹如美好的感受。

3 活动小结

（1）不太自信的人制订行动计划的“蜜诀”：相信自己，明确目标，有趣有效，循序渐进，鼓励自己，享受进步。

（2）充分感受“蜜诀”里的甜蜜。

活动二　体会小美行动的“美丽”（8分钟）

1 讨论

（1）小美似乎不如小曼有舞蹈天赋，既然如此，小美是不是可以放弃跳舞？

【说明】 这是学生在学习生活中普遍会面对的一个问题。通过讨论让学生体会：虽然小美不像小曼那样有天赋，但也不能说她完全没有天赋；小美心里很想跳舞，想通过跳舞变得更美丽，况且，不论天赋如何，跳舞都可以让自己变得更美丽；既然有美丽梦想，就不要轻易放弃，要勇敢地试一试。

（2）小美按照自己的行动计划不断练习，舞姿越来越美，这就是行动计划带来的美。除了舞姿的美，小美还有哪些方面的美？

【说明】让学生充分讨论。除了舞姿的美，小美还有：（1）不放弃梦想的美；（2）突破自我、发现并发展潜能的美；（3）进步的美；（4）越来越自信的美。

（3）我们在小美的进步中感受到一种质变，可以将其称为“美丽升级”。小美的“美丽升级”主要体现在哪些方面？

【说明】小美的“美丽升级”主要体现为她从不敢跳到敢跳，从不会跳到会跳，从不自信到自信。小美的自信也会给她生活的方方面面带来好的影响。

（4）小美的“美丽升级”给他人带来了哪些积极的影响？

【说明】通过讨论，让学生将自己的美与世界的美建立联系。教师可以由浅入深地引导学生体会和理解：小美变得更自信了，这种自信也会感染他人；她成为大家的榜样，鼓舞周围的人勇敢追求自己的梦想。

我们把小美这种让自己、让他人都变得更美的行动叫作“美丽行动”吧。

2 活动小结

（1）美丽行动“美”在不放弃梦想，努力突破自己。

（2）享受自己进步的美。

（3）美丽行动让我们自己更美，也让世界更美。

（4）美丽行动能让我们“美丽升级”。

活动三　小曼的美丽行动（10 分钟）

1 制订小曼的美丽行动计划

（1）小曼能和小美制订一样的行动计划吗？为什么？

【说明】小曼不能和小美制订一样的行动计划。小美不够自信，所以她采用了“愉快接纳法”，增强自信；而小曼是过于自信的人，她需要采用“客观接纳法”，客观面对问题。

（2）假如你是小曼，请你利用行动计划的“蜜诀”为自己制订一个美丽行动计划，填写在下表中。

小曼的美丽行动计划

需要直面的缺点	直面缺点的方法	制订美丽行动计划	美丽升级：对自己和他人的影响	
			对自己	对他人
过于自信	客观接纳法			

【说明】让学生参考小美的行动计划，制订小曼的美丽行动计划。

2 讨论

（1）小曼的美丽行动计划的主要内容是什么？

【说明】让学生参考小美的行动计划，制订小曼的美丽行动计划：（1）跳舞时认真听音乐；（2）多观察其他同学和老师的动作，与大家的节奏保持一致；（3）主动请同伴提出问题，面对他人的批评不抱怨，客观面对自己的问题……交流后让学生完善上面“小曼的美丽行动计划”表。

（2）客观面对自己的问题会有哪些甜蜜的感觉？

【说明】引导学生体会：他人能给我们提出意见是关心我们，感受到他人的关心很甜蜜；真正改正缺点后，享受进步同样甜蜜；面对他人的批评不抱怨，客观面对自己的问题，心态是平和的，心里也很甜蜜；学会欣赏他人是甜蜜的，为他人的进步感到高兴也是甜蜜的。

（3）小曼的美丽升级体现在哪些方面？

【说明】教师可以引导学生从两方面分析，即小曼的美丽升级体现在对自己的影响和他人的影响两个方面。小曼从过于自信到能客观真实地面对自己，和他人相处更加融洽，这就是她的美丽升级。

3 活动小结

（1）每个人的美丽行动计划都不同。

（2）过于自信的人在制订美丽行动计划时需要采用“客观接纳法”，他们制订美丽行动计划的“蜜诀”是：客观面对自己，学会欣赏他人，接受他人的建议。

（3）运用“客观接纳法”也会让人感觉很甜蜜。

我学到了（1 分钟）

（1）每个人的美丽行动计划都不同。

（2）不太自信的人制订美丽行动计划的“蜜诀”：

相信自己，明确目标，有趣有效，循序渐进，鼓励自己，享受进步。

（3）过于自信的人制订美丽行动计划的“蜜诀”：客观面对自己，学会欣赏他人，接受他人的建议。

（4）运用“愉快接纳法”和“客观接纳法”都会让人感觉很甜蜜。

（5）美丽行动让自己更美，也让世界更美。美丽行动让我们美丽升级！

我的练功房（1 分钟）

六级功夫第八招：我的美丽行动。

1 练功目的

每个人都有自己的缺点，为了做更好的自己，要直面自己的缺点，制订计划改正缺点。

2 练功要领

（1）找出自己要直面的缺点以及面对它的方法。

（2）用美丽行动计划的“蜜诀”制订自己的美丽行动计划。

（3）写出自己的美丽行动对自己、对他人的影响。

（4）写出自己的哪些变化体现了美丽升级。

我的美丽行动

需要直面的缺点	直面缺点的方法	制订美丽行动计划	美丽升级：对自己和他人的影响	
			对自己	对他人
不自信 (　　) 过于自信 (　　)	愉快接纳法 (　　) 客观接纳法 (　　)			

注：在相应的括号内画“√”或在空白处填写相关内容。

健康宣言（1分钟）

同学们，我们每个人都和这个世界有着密切的联系，就像花儿离不开阳光，鱼儿离不开水。让我们唤起彼此内心的美好和爱，共同承担社会责任，让世界因你、因我更美丽！

我们一起来朗读下面的健康宣言吧！

世界因我更美丽

点亮爱的星空，画出温暖地图，我感受世界的温暖。

照亮家校社区，以爱的方式负责，我是“小太阳”我骄傲。

梳理美丽清单，直面真实缺点，心有梦想尽绽放。

美丽行动在升级，健康自我乐成长，世界因我更美丽！

我是__________，我要从小事做起，从自我做起，让自己变得更美好，让世界因我更美丽！

宣誓人：__________

____年____月____日

“大功告成”：我的练功单元（1分钟）

同学们，我们已经完成了《世界因我更美丽》这册书前八课的学习，现在要进入大功分享阶段了，这就需要大家在日常生活中按计划认真练功并记录下来。

我们将在四周后进行第一个大功“我的美丽清单”的练功分享。请你们和家长一起练功，找到体现自己外貌美、姿态美、自信美的照片并填写“我的美丽清单”练功单。

希望每位同学通过“我的美丽清单”的填写和练功，挖掘自己的外貌美和姿态美并体会其中的自信美，同时寻找纠正自己美中不足的方法，体会敢于面对自己的美中不足并不断纠正的自信美。老师期待你们的练功分享，更期待你们的成长。

第五单元

“大功告成”：我的练功单元

单元目标

1. 养成日常练功的习惯，真正实现个人成长。
2. 通过“我的美丽清单”练功分享，挖掘自己的外貌美和姿态美并体会其中的自信美，寻找纠正自己美中不足的方法，体会敢于面对自己的美中不足并不断纠正的自信美。
3. 通过“爱的拒绝与修复破窗”练功分享，能主动在现实生活中发现破窗现象，唤起内心的美好和爱的情感；能根据护花原理，以爱的方式提出拒绝并修复破窗；既能关注破窗的修复，也能关注人的友善转变；懂得在不安全和能力有限的情况下，争取各方支持。

单元内容结构

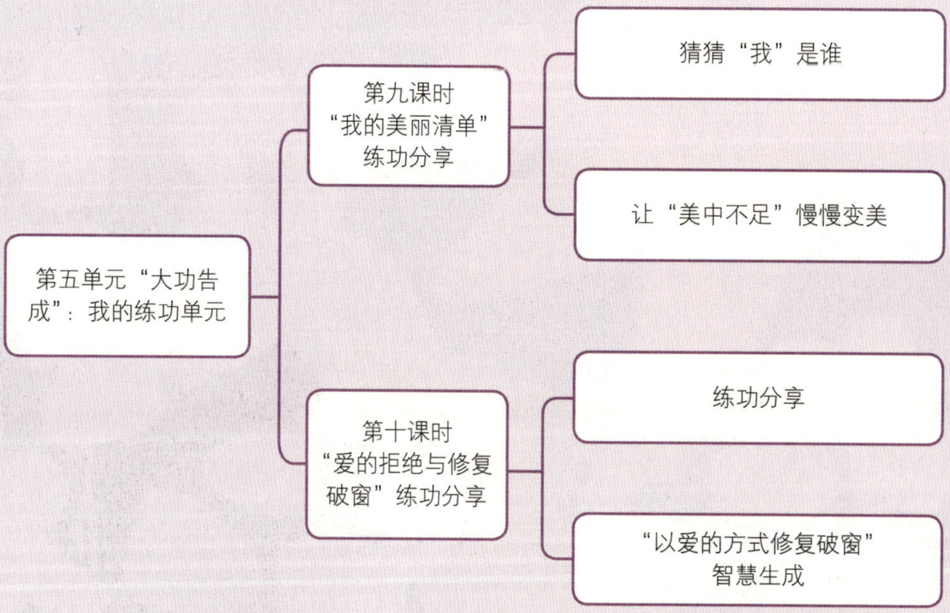

第九课时　“我的美丽清单”练功分享

课时目标

1. 挖掘自己的外貌美和姿态美并体会其中的自信美。
2. 寻找纠正自己美中不足的方法。
3. 体会敢于面对自己的美中不足并不断纠正的自信美。

活动安排

活动一　猜猜“我”是谁（18 分钟）

1 猜一猜

同学们，你们之前都写了“我的美丽清单”练功单，我来读两段“我很美”中的文字，请大家猜猜这是谁。

我的美丽清单

	文字描述	心里的赞叹
我很美		我是__________，我的__________（优点）。我爱我自己，我以后____________________（如何发扬优点，让自己变得更美）。
美中不足		我是______，我发现了自己很多方面的美，但我有______问题，我的纠正方法是______。我爱我自己，我会更美的！

注：可在后面附上展现自己美的照片。

【说明】教师收集全班同学练功过程中提交的“我的美丽清单”，在课堂上随机读两段学生写的“我很美”的文字描述部分，让班上其他同学猜一猜这个人是谁，然后，再向大家展示这两位同学的照片。

通过“我很美”的文字描述，大部分学生应该能猜到是谁，让学生说出当同学猜出自己时的感受——可能有被认可的自豪、感受到同学之间默契的舒畅等。通过照片的形式展示学生的外貌美和姿态美，引导学生体会其中的自信美，理解每个人的美都是独特的。在引导过程中，教师可以加入让学生体验的小活动，比如：你们也学习照片里同学挺拔的身姿，看看跟平常自己随意站的时候有什么不一样的感觉，体会挺拔的姿态美和自信美。

2 小组分享

请同学们在小组内分享你们的美丽清单和照片。分享时，要注意以下几点：

（1）分享总时间为 8 分钟，每组选一名组长负责组织，一名计时员负责控制时间；

（2）每位同学分享时，先说明你展示的是自己哪些方面的美，再让大家欣赏照片，最后分享有关照片的故事并说说分享美之后有什么感受；

（3）其他同学要注意听分享的同学说了什么内容，其中的关键词有哪些；

（4）每组选一名同学在全班进行分享。

3 全班展示

请各组选一名同学在全班分享自己的美丽清单和照片，其他同学请认真听，听完后说一说同学分享中的关键词有哪些。

【说明】这个环节是让学生充分展示自己的练功成果，并通过找关键词的方式帮助学生学会倾听他人的分享。在分享过程中，教师注意倾听学生表达中的关键词，引导学生全面体会外貌美、姿态美和自信美。

活动二 让“美中不足”慢慢变美（20 分钟）

1 采访

请同学们根据下面的采访单做采访（课前进行）。

"我的美中不足"采访单

采访记录（同辈）

采访对象：________ 采访时间：________ 采访地点：____________

我的美中不足：____

同辈的建议：____

采访后我的感受：______________________________________

采访记录（长辈）

采访对象：________ 采访时间：________ 采访地点：____________

我的美中不足：____

长辈的建议：____

采访后我的感受：______________________________________

【说明】在大功分享任务布置的时候，教师可以提醒学生在写采访单中的"采访后我的感受"时，可以不接受他人的看法，但要说出自己的理由。

2 讨论

下面请几位同学结合采访单和"我的美丽清单"来分享一下自己的"美中不足"是什么以及自己找到的纠正方法。

（1）在课下练功时你都采访了谁？

【说明】采访单中设置了采访同辈、采访长辈两个任务，让学生充分倾听他人的意见。

（2）当受访者说出你的美中不足时，你有什么想法？

【说明】（1）教师要提醒学生对于别人对自己的评价要有自己的思考和判断。有的学生善于自我觉察，通过和他人进行比较发现自己的不足，这样的学生在听到别人说出他的美中不足时常常会觉得自己确实存在这个问题；（2）有的学生可能会"当局者迷，旁观者清”，只有当别人指出他的问题时他才会意识到自己存在这个问题，但还需要理解和认同。(3) 还有一种情况是别人眼中的“美中不足”是由于别人的标准与自己的标准不一致，如果这种“美中不足”是自己的一种特点，那也可以坚持自己的标准。

(3) 你的美中不足是什么？

【说明】鼓励学生大胆说出自己的美中不足。

(4) 当着全班同学说出了自己的美中不足，你有什么感受？

【说明】敢于直面他人对自己评价的人是勇敢的，同时，他们对自己的特点是接纳的。因此，学生的心理感受可能是自信、舒畅等。

(5) 要纠正自己的美中不足，你有什么好方法？

【说明】让学生认识到找到纠正自己美中不足的方法并坚持纠正是非常值得骄傲的，而且，纠正了美中不足会让自己更加自信。让学生明白：大多数人都会有先天不足，很多先天不足是可以通过后天的科学方法和坚持努力去改变的，不过，有的先天不足需要依靠其他方面去弥补。但是有的先天不足改变效果不明显或者无法改变，这时要学会接纳甚至欣赏自己的这一方面，如眼睛大小、肤色黑白、身材高矮等。

3 绘制思维导图

请每个小组的同学针对某一个“美中不足”如何纠正进行讨论，用思维导图的方式呈现纠正这种美中不足的方法。要求如下：

(1) 讨论时间为 8 分钟，各组选一名组长负责组织，一名计时员负责控制时间，还有一名书写员负责绘制思维导图；

(2) 可以参考采访单中他人给出的建议，也可以结合自己的经历分享一些实用的方法。

4 全班分享

请各小组将你们的思维导图贴在黑板上展示。

你们都找到了纠正美中不足的方法，希望你们能够坚持纠正自己的美中不足。纠正了美中不足，你会为自己感到骄傲，也会更自信、更美！

5 活动小结

同学们，让我们对自己说：“我是________，我发现了自己很多方面的美，但我有________问题，我的纠正方法是________________________________。

我爱我自己，我会更美的！”

希望今天的活动能让大家开启自我探索的大门，有更多的勇气、更强的能力去认识自我、接纳自我。

布置第二个大功分享（2分钟）

同学们，四周以后，我们将进行下一个“大功”——“爱的拒绝与修复破窗”的练功分享。请大家关注生活中的破窗现象，收集相关案例，可以用照片或者绘画的形式呈现出来。在下一个大功分享之前是自我练功阶段，请同学们四个人一个小组，每周一次轮流组织练功交流活动。最后一次组内交流时，小组要推荐一位同学在全班进行分享。

第十课时　“爱的拒绝与修复破窗”练功分享

课时目标

1. 能主动在现实生活中发现破窗现象，唤起内心的美好和爱的情感。
2. 能根据护花原理，以爱的方式拒绝并修复破窗；既能关注破窗的修复，也能关注人的友善转变。
3. 懂得在自己不安全和能力有限的情况下，争取各方支持。

活动安排

活动一　练功分享（15 分钟）

1 回顾破窗效应和护花原理

请同学们回想一下我们学过的破窗效应和护花原理，小组成员之间相互说一说。

2 个人练功故事分享

回顾之后，请每组推荐一个同学在全班分享。

【说明】引导学生分享发现的可能产生的破窗效应及修复方法，对绘画能力强的同学，可以让他们将内容以绘画的形式呈现出来。

活动二 “以爱的方式修复破窗”智慧生成（24 分钟）

1. 请同学们在各小组推荐的练功案例中选择一个案例，一起讨论如何以爱的方式修复破窗。

2. 请同学们运用思维导图分析破窗效应涉及的人和事以及相应需要考虑的方面，并进一步判断我们的行为是否体现了“为了爱”和“以爱的方式”。

【说明】在讨论和分享的过程中要注意以下几点：

（1）注意唤起学生内心的美好和对社会负责的爱的情感

（2）引导学生在修复破窗的过程中要关注对人的爱护，制止他人不良行为时，应该注意对方的身份、年龄特点等，同时在保证自己安全的情况下，能觉察对方的情绪，协调“你需要”和“我需要”，选择对方能接受的方式，进行有效沟通。

同学们，本册书的学习即将结束。我们这册书的主题是“世界因我更美丽”。我们每个人都和这个世界有着密切的联系，当生活环境中有不尽如人意的地方，希望同学们能以爱的方式，力所能及地修复破窗，同时争取各方支持，根据护花原理唤起大家内心那份美好和爱。让我们共同承担社会责任，让世界因我们更美丽！

布置假期练功（1 分钟）

希望同学们在假期里也能坚持练功。练功能让我们更好地与社会建立联结，感受周围世界因你我的奉献而变得更美好。假期里，我们主要还是练习“爱的拒绝与修复破窗”这个“大功”，希望你主动记录你的练功，开学后我们一起分享。预祝大家假期愉快！

参考文献

1. 埃利斯 . 理性情绪 [M]. 李巍，张丽，译 . 北京：机械工业出版社，2014.

2. 傅小兰 . 情绪心理学 [M]. 上海，华东师范大学出版社，2016.

3. 季苹，崔艳丽，涂元玲 . 理解自我：教育文明的基础 [M]. 北京：教育科学出版社，2014.

4. 利振华，聂衍刚，梁梓勤，等 . 预先承诺对亲社会行为的影响：来自行为和 ERP 的证据 [C]. 第二十二届全国心理学学术会议摘要集，2019.

5. 漆效良，翟文茜 . “被需要”也是一种自由 [N]. 解放军报，2011-12-22（7）.

6. 谢明 . 从“破窗理论”看交通管理 [J]. 道路交通管理，2018（12）：26-27.

7. 余琳，许婷，李超，等 . 大数据背景下的学生孤独预警模型：以华中师范大学为例 [J]. 现代信息科技，2019，3（23）：1-4.

出 版 人　李　东
责任编辑　何　薇
插画设计　张亦伦
版式设计　宗沅书装　吕　娟
责任校对　贾静芳
责任印制　叶小峰

图书在版编目（CIP）数据

世界因我更美丽 / 杨永军，寇磊，回咏梅主编. — 北京：教育科学出版社，2021.8（2023.8 重印）
（学生健康自我成长课程 / 季苹主编）
ISBN 978-7-5191-2725-1

Ⅰ. ①世… Ⅱ. ①杨… ②寇… ③回… Ⅲ. ①心理健康—健康教育—中小学—教学参考资料 Ⅳ. ① G444

中国版本图书馆 CIP 数据核字（2021）第 160226 号

学生健康自我成长课程
世界因我更美丽
SHIJIE YIN WO GENG MEILI

出版发行	教育科学出版社		
社　　址	北京·朝阳区安慧北里安园甲 9 号	邮　　编	100101
总编室电话	010–64981290	编辑部电话	010–64981277
出版部电话	010–64989487	市场部电话	010–64989572
传　　真	010–64891796	网　　址	http://www.esph.com.cn

经　　销	各地新华书店		
印　　刷	唐山玺诚印务有限公司		
制　　作	宗沅书装		
开　　本	880 毫米 × 1230 毫米　1/16	版　　次	2021 年 8 月第 1 版
印　　张	7.5	印　　次	2023 年 8 月第 2 次印刷
字　　数	117 千	定　　价	62.00 元